RÉPUBLIQUE FRANÇAISE

MINISTÈRE DES FINANCES

DIRECTION GÉNÉRALE DES MANUFACTURES DE L'ÉTAT

RAPPORT

PRÉSENTÉ PAR M. ANDRÉ CITROËN

AU NOM DE LA COMMISSION

CHARGÉE D'ÉTUDIER LES QUESTIONS CONCERNANT L'ORGANISATION

ET LE FONCTIONNEMENT

DES MONOPOLES DES TABACS
ET DES ALLUMETTES

PARIS

IMPRIMERIE NATIONALE

1925

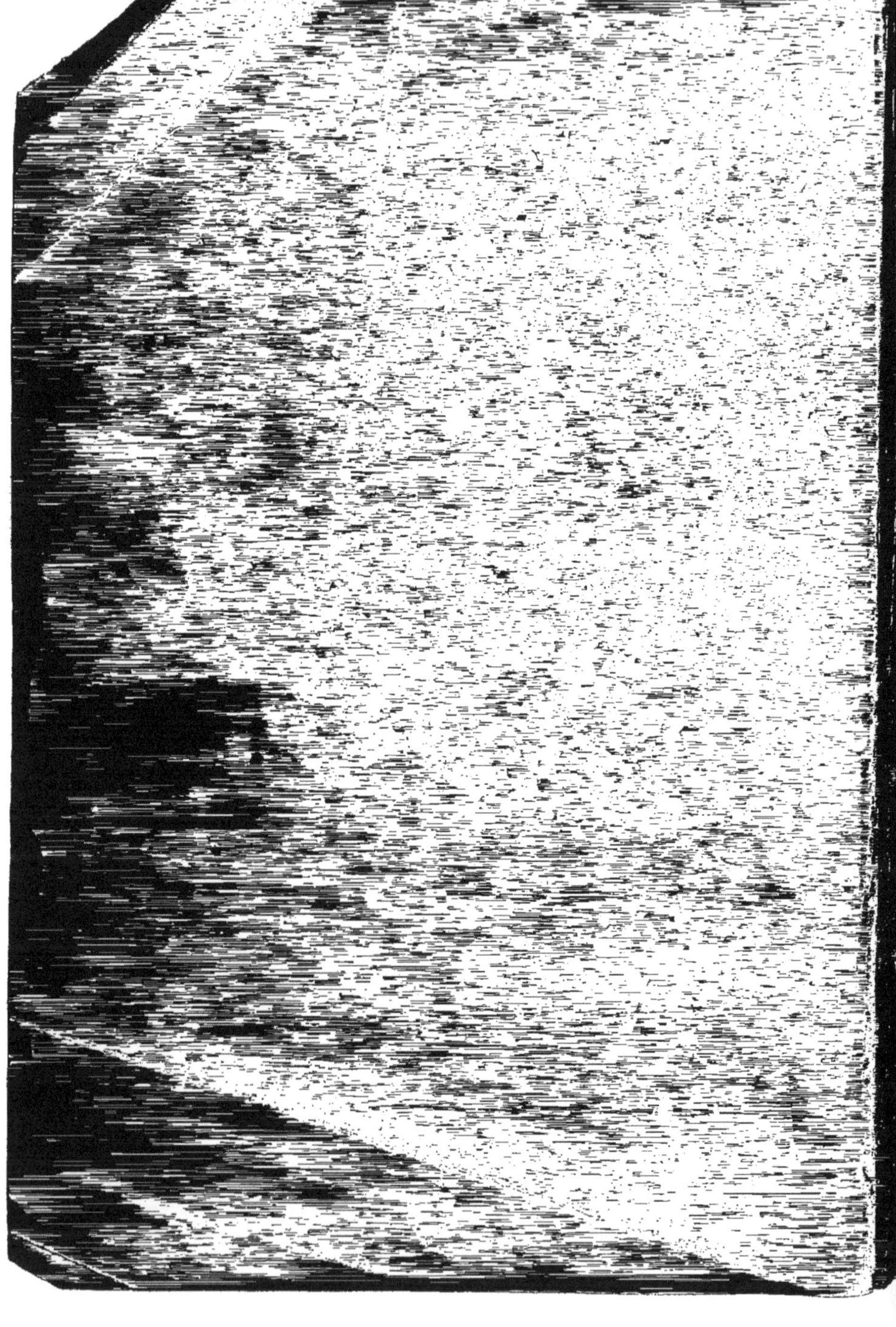

RÉPUBLIQUE FRANÇAISE

MINISTÈRE DES FINANCES

DIRECTION GÉNÉRALE DES MANUFACTURES DE L'ÉTAT

RAPPORT

PRÉSENTÉ PAR M. ANDRÉ CITROËN

AU NOM DE LA COMMISSION

CHARGÉE D'ÉTUDIER LES QUESTIONS CONCERNANT L'ORGANISATION

ET LE FONCTIONNEMENT

DES MONOPOLES DES TABACS

ET DES ALLUMETTES

PARIS

IMPRIMERIE NATIONALE

1925

RAPPORT

PRÉSENTÉ PAR M. ANDRÉ CITROËN

AU NOM DE LA COMMISSION

CHARGÉE D'ÉTUDIER LES QUESTIONS CONCERNANT L'ORGANISATION

ET LE FONCTIONNEMENT

DES MONOPOLES DES TABACS

ET DES ALLUMETTES

TABLE GÉNÉRALE DES MATIÈRES.

TROISIÈME PARTIE.

Annexes.

COMPOSITION DE LA COMMISSION

CHARGÉE D'ÉTUDIER

LES QUESTIONS CONCERNANT L'ORGANISATION ET LE FONCTIONNEMENT DES MONOPOLES DES TABACS ET DES ALLUMETTES.

MM. Sergent, ancien Sous-Secrétaire d'État, Président du Conseil d'administration de la Banque de l'Union Parisienne, *Président.*

le Directeur général des Manufactures de l'État, ou son représentant;

le Directeur général des Contributions indirectes, ou son représentant;

de Ternas, Inspecteur général des Finances;

le Directeur du Contrôle des Administrations financières et de l'Ordonnancement;

Pascalis, ancien Président, Membre de la Chambre de Commerce de Paris;

André Citroën, Ingénieur-Constructeur;

Fayol, Ingénieur;

Hitier, membre de l'Académie d'Agriculture, Professeur à l'Institut national agronomique, *Membres.*

Mayer et Boquien, Inspecteurs généraux des Manufactures de l'État, *Secrétaires,* avec voix consultative.

M. Gillet, Sous-Chef de bureau à la Direction générale des Contributions indirectes, a rempli les fonctions de *Secrétaire adjoint* auprès de la Commission.

RAPPORT

PRÉSENTÉ PAR M. ANDRÉ CITROËN

AU NOM DE LA COMMISSION

CHARGÉE D'ÉTUDIER LES QUESTIONS CONCERNANT L'ORGANISATION ET LE FONCTIONNEMENT

DES MONOPOLES DES TABACS ET DES ALLUMETTES.

PREMIÈRE PARTIE.

I

INSTITUTION ET BUT DE LA COMMISSION.

La Commission a été chargée par M. le Ministre des Finances d'étudier les questions concernant l'organisation et le fonctionnement des monopoles des tabacs et des allumettes. Elle a été instituée par l'arrêté du 21 février 1923.

Son but principal consistait à étudier les questions concernant l'organisation des monopoles, à examiner les critiques qui se sont élevées de toutes parts contre cette institution, à rechercher si ces critiques sont fondées, et à étudier la possibilité et les moyens d'apporter des améliorations aux organismes existants, qui, comme toute œuvre humaine, présentent sans doute des imperfections.

Mais la Commission a estimé qu'il était de son devoir non seulement de remplir le rôle qui lui était dévolu, mais également de suggérer au Ministre les réformes qui lui paraîtraient indispensables pour améliorer l'organisation de ces monopoles, tant au point de vue exploitation qu'au point de vue administration, et de faire toutes propositions de réformes utiles.

Le problème ainsi posé, et étant donné le désir de tous ses membres d'examiner ces différentes questions avec tous les soins désirables, la Commission a fixé l'ordre de ses travaux, en commençant par l'étude du monopole des tabacs. Elle comptait continuer par une étude aussi complète du monopole des allumettes; mais, comme entre temps le Parlement avait décidé de supprimer ce monopole, la Commission n'a pas effectué d'enquête à son sujet. Toutefois, priée par le Ministre de donner son avis sur le projet de loi constituant des Offices nationaux des tabacs et des allumettes, elle a cru pouvoir répondre à cette demande, même en ce qui concerne ce dernier Office, car il s'agissait là d'une question d'organisation générale qui se présente d'une façon à peu près identique pour les tabacs et pour les allumettes.

La tâche de la Commission a été facilitée par la présence continue à ses réunions de M. Ricaud, Directeur général des Manufactures de l'État, assisté de MM. Mayer et Boquien, Inspecteurs généraux des Manufactures de l'État, de M. Borduge, Directeur général des Contributions indirectes, et de M. Du Buit, Inspecteur des Finances, remplissant les fonctions de Directeur du Contrôle des administrations financières.

La Commission tient à rendre ici hommage au concours éclairé et efficace que ces Messieurs lui ont apporté. Tous les renseignements dont elle pouvait avoir besoin lui ont été donnés avec la plus grande clarté, toutes les suggestions pouvant résulter de connaissances acquises par une longue pratique de leur carrière lui ont été faites, et leur collaboration a été, en tous points, profitable.

Quoi que des critiques acerbes aient pu en dire, jamais la Commission ne s'est trouvée en face de mauvais vouloir, de force d'inertie; bien au contraire, toutes les portes lui ont été ouvertes, tous les rouages de l'administration lui ont été révélés, et c'est dans une véritable maison de verre qu'elle a pu opérer en toute franchise.

II

HISTORIQUE SOMMAIRE

DES TRAVAUX DE LA COMMISSION.

La Commission, instituée par arrêté en date du 21 février 1923, a commencé ses travaux dès le 10 avril suivant.

Trente séances ont été consacrées à l'examen des questions importantes, indépendamment des quatre séances consacrées à l'examen des projets de loi sur les Offices nationaux, et des huit séances au cours desquelles le rapport a été discuté.

Au cours de ces séances, différents groupements intéressés par les questions examinées furent entendus.

1re séance, 10 avril 1923. — Séance d'ouverture. — Délimitation des opérations de la Commission, pour concorder avec les idées de M. le Ministre des Finances.

2e séance, 11 mai 1923. — Décision de commencer les travaux par le monopole des tabacs, de beaucoup le plus important, étant entendu que la Commission se prononcerait une fois pour toutes sur les questions d'ordre général intéressant à la fois les deux monopoles.

3e séance, 19 mai 1923. — Examen des différentes questions relatives à la culture des tabacs.

4e séance, 26 mai 1923. — Suite de l'examen des questions concernant la culture du tabac.

5e séance, 2 juin 1923. — Comparaison de la culture du tabac en France avec les méthodes appliquées en Belgique et en Italie.

6e séance, 9 juin 1923. — Examen des questions concernant les achats de tabac dans les colonies et à l'étranger.

7e séance, 16 juin 1923. — Suite de l'examen des achats de tabacs exotiques.

8e séance, 23 juin 1923. — Examen des questions relatives à la fabrication des tabacs.

9e séance, 2 juillet 1923. — Examen des questions de personnel et de matériel.

10e séance, 7 juillet 1923. — Examen des questions concernant la vente des tabacs fabriqués.

11e séance, 21 juillet 1923. — Audition des délégués des débitants de tabacs et gérants de débits, sur la question du fonctionnement du monopole du tabac, et sur les desiderata de la corporation qu'ils représentent.

12e séance, 28 juillet 1923. — Étude des procédés administratifs en usage dans les Manufactures de l'État.

13e séance, 20 octobre 1923. — Étude des mesures de contrôle s'appliquant aux divers établissements du monopole des tabacs, relativement à l'utilisation des crédits alloués par le Parlement.

14e séance, 27 octobre 1923. — Examen des questions relatives au retard dans l'exécution des travaux se rapportant aux constructions neuves ou à des modifications importantes dans les Manufactures, et aux moyens propres à y remédier.

15e séance, 10 novembre 1923. — Audition des délégués des différentes associations du personnel ouvrier : Fédération nationale des ouvriers et ouvrières des Manufactures des tabacs de France, Union des syndicats des tabacs de la Seine, Fédération nationale unitaire des tabacs, pour l'exposé de leurs desiderata et des suggestions ou critiques qu'ils pourraient apporter sur l'organisation et le fonctionnement du monopole des tabacs.

16e séance, 17 novembre 1923. — Audition des délégués des agents secondaires de la fabrication, représentés par l'Union des chefs d'ateliers des Manufactures de l'État, et des délégués des agents secondaires du cadre technique, représentés par l'Association amicale des agents techniques des Manufactures de l'État, pour recueillir leurs observations et leurs suggestions relativement à l'organisation et au fonctionnement du monopole des tabacs.

17e séance, 24 novembre 1923. — Audition des délégués de l'Association amicale des agents techniques des Manufactures de l'État. Continuation de l'audition précédente. Même question.

18e séance, 1er décembre 1923. — Audition des délégués de l'Association des contrôleurs et rédacteurs des Manufactures de l'État, et audition des délégués de l'Association des ingénieurs des Manufactures de l'État. Même question.

19e séance, 8 décembre 1923. — Continuation de l'audition des délégués des ingénieurs. Même question.

20e séance, 21 décembre 1923. — Audition des délégués de la Confédération générale des planteurs de tabacs de France.

Questions examinées : leur avis sur le maintien du système actuel de l'exploitation du monopole et leurs desiderata relatifs à la réglementation de la culture.

21e séance, 12 janvier 1924. — Audition des délégués de l'Association des agents commissionnés du Service de la Culture et des Magasins.

Question examinée : leur avis sur le maintien du monopole. Suggestions des améliorations qui leur paraîtraient susceptibles d'être apportées au fonctionnement de cet organisme.

22e séance, 19 janvier 1924. — Audition des délégués des Directeurs, Inspecteurs et Entreposeurs du Service de la Culture. Même question.

23e séance, 26 janvier 1924. — Examen du projet de réforme du monopole déposé par M. Mayer, Inspecteur général des Manufactures de l'État, et dont un exemplaire a été adressé à chacun des membres de la Commission.

24e séance, 2 février 1924. — Examen des projets de réformes du monopole établis par M. MANNHEIM, Ingénieur en chef des Manufactures de l'État, et M. PROVOST, Ingénieur des Manufactures de l'État. Revue des critiques diverses formulées contre le monopole des tabacs.

25e séance, 16 février 1924. — Audition de M. LUCAS-GIRARDVILLE, Ingénieur en chef des Manufactures de l'État, Chef de la mission chargée des achats en Amérique.

Question traitée ; exposé de la manière dont sont effectués les achats de tabac en feuilles aux États-Unis, et communication des renseignements concernant l'assiette de l'impôt sur les tabacs dans ce pays.

26e séance, 23 février 1924. — Examen du système de comptabilité des Manufactures de l'État.

27e séance, 1er mars 1924. — Discussion sur l'organisation générale de la Direction du monopole, et désignation du Rapporteur.

28e séance, 15 mars 1924. — Suite de la discussion sur l'organisation générale de la Direction du monopole.

29e séance, 22 mars 1924. — Suite de la discussion sur l'organisation générale de la Direction du monopole, et étude des moyens propres à donner au Directeur général une autorité suffisante.

30e séance, 29 mars 1924. — Examen des questions importantes relatives à la culture, aux achats des tabacs indigènes, à la liberté des achats etc.

De plus, au cours de ses travaux, la Commission a eu l'occasion de visiter les manufactures de Paris-Reuilly, Issy-les-Moulineaux, Pantin, Morlaix, ainsi que l'entrepôt de Paris-Sud, 31, rue Claude-Bernard.

III

EXAMEN DES MESURES PROPOSÉES PAR LA COMMISSION POUR AMÉLIORER LE FONCTIONNEMENT DU MONOPOLE DES TABACS.

A. LA CULTURE.

1° EXPOSÉ.

Autorisations. — La culture du tabac ne peut être effectuée que dans les départements autorisés à cet effet. Nul ne peut s'y livrer, dans ces départements, sans en avoir fait préalablement la déclaration et sans en avoir obtenu la permission.

Les autorisations sont accordées :

a. *Aux départements* par le Ministre. Certaines conditions doivent être réalisées pour qu'une suite favorable soit donnée aux demandes.

32 départements sont actuellement autorisés.

Le Ministre fixe, chaque année, la superficie que chaque département autorisé peut consacrer à la culture (contingent) pour que la production indigène n'excède pas les 4/5 des besoins des manufactures. Ce contingent est calculé — actuellement — de façon que toutes les demandes puissent recevoir satisfaction, le maximum de 4/5 n'étant pas atteint.

Pour 1923, le contingent total a été fixé à 18,540 hectares, or 15,511 hectares seulement ont été demandés par 43,316 planteurs répartis dans 1,603 communes.

Pour 1924, le contingent total a été fixé à 18,540 hectares; 16,202 hectares ont été demandés par 45,058 planteurs répartis dans 1,718 communes. De plus, pour la première fois depuis assez longtemps, 5 planteurs ont demandé l'autorisation de cultiver pour l'exportation des tabacs du genre Orient sur 3 hectares 80 situés dans deux communes du département du Var.

b. *Aux communes* des départements autorisés, qui seules sont susceptibles d'être elle-mêmes autorisées, par l'Administration qui notifie sa décision aux Préfets.

c. *Aux particuliers* dans les communes autorisées.

Aucune autorisation ne peut d'ailleurs être accordée en dehors de ces communes et aucune tolérance n'est permise.

Les déclarations sont faites par les intéressés et reçues dans les mairies par les agents du Service de la Culture, et les autorisations sont ensuite données par une Commission de 5 membres, constituée dans chaque arrondissement, et composée du Préfet, président; du Directeur des Contributions Indirectes; du Chef du Service des Tabacs; d'un Conseiller général et d'un Conseiller d'arrondissement, ces derniers non planteurs et résidant dans l'arrondissement.

Un permis de culture est délivré à chaque planteur autorisé.

Les autorisations ne sont accordées que pour des cultures individuelles d'au moins 10 ares à faire sur des parcelles d'au moins 5 ares. Les intéressés qui ne payent pas une contribution foncière minimum fixée par les règlements départementaux (10 francs en général) doivent présenter une caution remplissant cette condition.

Réglementation de la culture. — Chaque année, cette réglementation est déterminée sous forme d'arrêté, par le Préfet, en Conseil de Préfecture, de façon à concilier les mesures d'ordre purement fiscal indispensables à la sauvegarde des intérêts du Trésor et les méthodes propres à assurer la meilleure production.

Au point de vue fiscal, le planteur doit subir les visites que font les agents sur ses plantations, dans ses séchoirs, et, exceptionnellement en cas de soupçons de fraude, dans son domicile.

Les agents déterminent le nombre de feuilles existant dans les plantations.

Ce nombre constitue les charges que chaque planteur est tenu de représenter à la livraison, sous déduction d'une allocation pour pertes ou brisures de feuilles (déchet) accordée par le Préfet, sur proposition de l'Administration.

Les plantations doivent être régulières; les distances à observer entre les plantes sont déterminées d'après la nature des terres et la variété cultivée, de façon à obtenir les meilleurs rendements. Le nombre de feuilles par plante peut varier dans certaines limites pour tenir compte des différences de venue.

Le planteur peut renoncer à la culture et rendre son permis avant l'établissement des plantations. S'il cultive, il ne peut planter plus du cinquième en plus des quantités inscrites sur son permis, ni moins des 3/4.

En cas d'avaries survenues aux plantations, il en fait la déclaration, et décharge des feuilles perdues lui est accordée par le Service.

Au point de vue cultural, les agents du Service de la culture donnent aux planteurs les conseils et les directives utiles pour obtenir les meilleurs résultats, aussi bien pour les planteurs que pour l'État. Les graines sont produites exclusivement chez les planteurs désignés par le Service qui en assure la récolte et la distribution.

Culture. — Pour la surveillance et la direction de la culture, les planteurs sont groupés en sections (100 à 200 planteurs selon le plus ou moins de dispersion des plantations et l'importance des superficies cultivées par chaque planteur).

Chaque section est dirigée par un *commis de culture* (1), recruté parmi les sous-officiers rengagés ou les réformés de guerre.

Le commis de culture est un agent d'exécution qui visite chaque jour un certain nombre de planteurs, réunis dans une même tournée.

Le commis de culture procède à l'inventaire des plantations, c'est-à-dire qu'il établit les charges des planteurs; il lui est adjoint, pendant l'inventaire, un préposé temporaire spécialement recruté pour ce travail, à moins qu'un autre commis ou un commis stagiaire ne lui ait déjà été adjoint.

Plusieurs sections réunies (5 à 10 selon l'importance des cultures de diverses régions) forment *un contrôle de culture* qui est dirigé par

(1) Les commis de culture s'appellent maintenant vérificateurs.

un contrôleur de culture, agent recruté au concours, parmi des candidats bacheliers.

Cet agent, après son admission, est nommé vérificateur de culture(1), et devient, par la suite, contrôleur de culture. Ce contrôleur de culture est l'agent d'initiative et de contrôle du Service, en contact direct avec les planteurs.

Livraison des tabacs. — Les tabacs sont livrés à la Régie dans des magasins permanents ou d'achat.

Les magasins permanents sont de vastes établissements, construits dans les régions où la culture est importante. Les tabacs y subissent les fermentations et y restent en dépôt, jusqu'au moment de leur envoi en manufactures.

Les magasins d'achat sont de simples centres de réception, établis dans les régions à faible culture, où l'importance de la production ne justifie pas la création de magasins permanents. Les tabacs reçus dans ces magasins d'achat sont expédiés chaque jour sur les établissements permanents dont ils dépendent.

Classement des tabacs. — A leur arrivée aux magasins et après la reconnaissance des quantités de feuilles livrées, les tabacs sont classés dans les qualités qui ont été définies par une commission paritaire, dont la composition et le rôle seront exposés au chapitre des achats. Ce classement est prononcé sans appel par des commissions composées de deux fonctionnaires désignés par le Directeur Général, deux planteurs élus par tous les planteurs appelés à livrer leur tabac à la même commission, un arbitre planteur désigné par le Président du Tribunal Civil de l'arrondissement. Cet arbitre planteur est choisi sur une liste, dressée par l'Administration, de 50 planteurs appartenant à la circonscription de la commission, ayant obtenu aux récoltes précédentes les meilleurs rendements.

Le classement est effectué en tenant compte des définitions de qualités établies par la commission paritaire et par comparaison avec les échantillons-types établis par l'Administration d'après ces définitions.

(1) Les vérificateurs de culture s'appellent maintenant contrôleurs adjoints.

Le tabac indigène était classé en cinq qualités jusqu'à la récolte 1922; à partir de la récolte 1923 ce nombre a été réduit à quatre.

Rendement de la production. — Voir tableau A I. « Production en France des différents centres de culture ».

Magasins de culture. — Les magasins de culture sont placés sous la direction d'un entreposeur assisté d'un contrôleur principal.

L'entreposeur est pris parmi les contrôleurs principaux.

Les contrôleurs principaux viennent des contrôleurs de culture et continuent à diriger un contrôle de culture avec l'aide d'un vérificateur, mais en même temps ils sont chargés du contrôle des opérations du magasin auquel ils sont attachés. Des préposés permanents assurent la surveillance du personnel ouvrier.

Direction. — Tous les services ci-dessus désignés sont placés sous l'autorité d'un Directeur. Cette autorité s'étend sur le service de culture d'un ou de plusieurs départements (Voir tableau A II. Décomposition du personnel).

1 *bis*. EXAMEN DES PRINCIPALES CRITIQUES FORMULÉES SUR LA CULTURE.

EXPOSÉ.	OPINION DE LA COMMISSION.
On reproche particulièrement à l'organisation de la culture une réglementation excessive qui restreint la liberté des planteurs : « Les planteurs ne peuvent planter sans autorisation. Ne peuvent avoir une quantité de pieds de tabac plus grande que celle autorisée. N'ont pas le droit de planter d'autres graines que celles fournies par l'Administration. L'État est uniquement occupé à restreindre cette source de richesse nationale. La production de tabacs en feuilles pourrait être au moins quadruplée.	La plupart des critiques formulées contre la réglementation de la culture proviennent de ce que l'on fait une confusion entre la partie des règlements destinés à obtenir des tabacs de qualité convenable, et la partie qui ne concerne que les mesures fiscales destinées à empêcher la fraude. Les autorisations de culture, la restriction de la culture aux régions où l'on trouve suffisamment de cultivateurs disposés à s'y livrer pour justifier l'organisation d'un service de surveillance, les inventaires, sont des mesures uni-

EXPOSÉ.

« Le choix des départements planteurs est imposé par la politique. La réglementation à outrance diminue la production des tabacs, et la qualité des tabacs indigènes va en diminuant. »

Les représentants des planteurs de tabac, en dehors de quelques demandes sans grande importance, ont insisté sur la suppression des inventaires des feuilles, et les représentants des contrôleurs de culture ont émis également l'avis que cette suppression des inventaires était possible.

On a demandé que le Service de la culture des tabacs soit rattaché au Ministère de l'Agriculture.

OPINION DE LA COMMISSION.

quement fiscales et qui devraient nécessairement être conservées, même si le régime des tabacs devait changer, du moment que l'on continuerait à leur appliquer un droit de consommation aussi important que celui qu'ils supportent aujourd'hui.

Les frais qu'entraîne cette surveillance sont récupérés au centuple par les excédents de recette dus à la diminution des fraudes; quant aux sujétions qu'elles entraînent pour les planteurs, il en est tenu compte dans la fixation des prix d'achats.

Les réglementations relatives à la qualité se justifient complètement du fait que le monopole est tenu d'acheter tous les tabacs qui lui sont livrés. La prescription de n'employer que des graines sélectionnées est absolument conforme aux théories les plus récentes sur les progrès à réaliser dans l'agriculture, et il ne serait possible d'admettre les planteurs à cultiver d'autres espèces que celles qui sont prescrites, que s'ils s'engageaient à réexporter les produits ainsi obtenus. Or, à de très rares exceptions près, aucun planteur ne demande à cultiver pour l'exportation.

Il paraît, par contre, certain que dans quelques départements la qualité moyenne des tabacs a baissé. Cela tient au système employé pour les achats dont la critique sera faite à un autre chapitre.

Quant à l'affirmation émise que le régime du monopole tend à restreindre l'importance de la culture, il suffit, pour juger tout ce qu'elle a de mal

EXPOSÉ.

OPINION DE LA COMMISSION.

fondé, de considérer ce qui s'est passé en Alsace pendant la domination allemande.

Aussitôt après 1871, quand la culture est passée du régime du monopole au régime de liberté qui était la règle dans l'Empire allemand, l'importance de la production de l'Alsace en tabacs en feuilles s'est considérablement abaissée, jusqu'à descendre à 2 millions de kilogrammes par an. Depuis le retour de l'Alsace à la France, la production, sous le régime du monopole, s'est immédiatement développée de nouveau et dépasse actuellement 7 millions de kilogrammes par an; soit à peu près le chiffre d'avant 1870.

En ce qui concerne le rattachement éventuel de la culture au Ministère de l'Agriculture, on peut observer que cette mesure isolerait, presque complètement, le service de production de la matière première du service de la fabrication qui utilise cette dernière. Or, d'une manière générale, on a reconnu qu'il fallait au contraire établir une liaison très étroite entre ces deux services. La mesure proposée ne paraît donc pas opportune.

2° OBSERVATIONS DE LA COMMISSION.

Les besoins annuels de la France s'élèvent à environ 65 millions de kilogrammes de tabac pour lesquels elle produit par ses propres cultures (Alsace comprise), environ......... 25 millions de kilogr.

L'Algérie apporte un contingent d'environ. 9 —

ce qui laisse la France en face d'un manquant de............................. 31 —

qu'elle doit se procurer par des achats à l'étranger.

Ce déficit pourrait être comblé, dans une certaine mesure, par l'intensification de la culture, tant en France que dans nos colonies.

En France, d'aucuns prétendent que si l'on utilisait à d'autres cultures : betteraves, maïs, avoine, seigle, blé, etc., les hectares consacrés à la culture du tabac, il serait sans doute possible de tirer de notre sol un meilleur rendement au point de vue économique; il paraît assez facile de réfuter leurs arguments.

La meilleure préparation pour la culture du blé et des autres céréales est une culture du tabac, et dans le Nord, l'Est, le Sud-Ouest surtout, les terres qui donnent le plus de blé à l'hectare sont les terres à tabac. Il ne semble pas exagéré de dire que le développement de la culture du tabac en France entraînerait une augmentation de la production du blé.

Dans nos colonies, nous voyons l'Algérie productrice d'environ 15 millions de kilogrammes en moyenne par année; la partie *livrée* à la Régie, 9 millions de kilogrammes en moyenne, représente à peu près le 1/5 de la consommation de la France pour les scaferlatis noirs; le reste, 6 millions de kilogrammes en moyenne, est utilisé par les fabrications algériennes ou exporté. Le chiffre de production pourrait d'ailleurs être augmenté, l'excédent pouvant être absorbé par les fabricants locaux ou l'exportation.

D'autre part, il ne paraît pas impossible d'obtenir, en Algérie, des variétés différentes de celles qu'on y cultive actuellement et qui pourraient être employées aux lieu et place de certains tabacs étrangers; des essais sont d'ailleurs entrepris actuellement dans cette voie.

En Indo-Chine, la culture du tabac paraît vouée à un succès certain, le jour où on voudra l'y développer, tant en raison du climat que des conditions favorables de main-d'œuvre.

A Madagascar, le tabac pousse dans toute l'île dans des conditions favorables, et de gros efforts sont faits pour y acclimater des variétés propres à être incorporées dans les tabacs au goût des consommateurs français.

Il se dégage de cet ensemble de constatations que, par un développement rationnel de la culture, tant en France que dans nos colonies, nous réduirions considérablement nos achats à l'étranger.

On ne doit pas perdre de vue qu'un pays producteur a en mains tous les atouts pour tenir les prix de ses achats à l'étranger; il est en quelque sorte un régulateur des prix, alors que, si la culture venait à être supprimée, ce pays serait, pieds et poings liés, à la merci des marchés étrangers.

Quel que soit le prix de revient actuel du tabac français, et malgré que dans certains cas il paraisse plus cher que le tabac exotique, surtout en tenant compte des variations du change, il faut que la culture soit, non seulement maintenue, mais même développée.

Pour renforcer encore cette thèse, n'est-il pas intéressant de se reporter à la période de guerre, pendant laquelle il a fallu pourvoir à tous les besoins de tabac indispensables aux troupes? Si, dans une période de conflit comme celui précité, un pays est entièrement à la merci des marchés étrangers, non seulement il s'ensuit pour lui des dépenses considérables causées par ces achats à l'étranger, et des difficultés parfois insurmontables de transport, mais encore il ne satisfait pas complètement le troupier, qui aime avant tout son tabac national.

Il est donc indispensable de développer la culture du tabac; mais, pour qu'il soit possible d'utiliser dans les fabrications des quantités toujours croissantes de feuilles récoltées en France et dans les colonies, sans nuire à la qualité des produits fabriqués, il est nécessaire, d'une part, d'améliorer les espèces déjà cultivées, et, d'autre part, de réaliser l'acclimatation d'espèces nouvelles susceptibles de remplacer les tabacs exotiques dont il est actuellement impossible de se passer; pour arriver à ce résultat, il est de toute nécessité d'organiser un laboratoire d'essais spécialement destiné à l'étude, à la sélection des qualités et à l'intensification de la culture. Ce laboratoire pourrait également organiser des cours et des conférences de démonstrations aux planteurs, ainsi qu'aux vérificateurs et contrôleurs, et pourrait encore être chargé de rédiger une revue tenant tous les planteurs au courant des progrès réalisés et à appliquer en matière de culture.

Il convient de signaler ici les résultats extraordinaires obtenus en Italie par le laboratoire de Scafati. Grâce à cet organisme, l'Administration italienne est en mesure de donner, au moment opportun, les graines des espèces dont la production est nécessaire pour répondre au goût des consommateurs. Cet institut, qui est dirigé par un fonctionnaire de l'Administration, du cadre de la culture, a comme rôle de faire des essais de toute nature : culture, traitement, et même fabrication. C'est grâce à son action que le Monopole italien a pu réussir à développer la culture des « Kentucky » et des tabacs d'Orient, ce qui lui a permis de diminuer de plus de moitié ses achats à l'étranger, et de porter de 3 à 12 millions de kilogrammes la vente des cigarettes en tabac jaune.

Des crédits spéciaux seraient nécessaires pour la création d'un laboratoire de ce genre, et quelle que soit la dépense engagée, il paraît certain que l'importance des résultats pécuniaires qu'amènerait la réussite de cette entreprise permettrait un amortissement rapide des premiers frais d'installation, et des frais d'entretien courant.

Si ce laboratoire peut être installé, comme il est probable, sur un terrain inutilisé dépendant de la Poudrerie de Bergerac, la dépense d'installation peut être évaluée à 1,250,000 francs. Les frais annuels pourraient être seulement d'une centaine de mille francs à la condition de compter la valeur des produits des cultures d'essai en déduction des frais courants.

On pourrait chercher à encourager les Contrôleurs de la Culture par l'allocation de primes basées sur les résultats constatés, au point de vue de la qualité et du rendement, dans les régions soumises à leur surveillance. Cette question sera traitée au Chapitre F relatif au personnel.

Il serait également désirable que les planteurs arrivent à cultiver pour l'exportation.

La Commission ne croit pas que des résultats intéressants puissent être obtenus dans cette voie par des planteurs isolés. Ils ne sont pas, en effet, outillés pour cela. Les feuilles qu'ils livrent à la Régie ont besoin d'être traitées dans les magasins de celle-ci avant de devenir des produits marchands. C'est sans doute une des raisons pour lesquelles l'Exportation, à laquelle la réglementation en vigueur n'est nullement un obstacle, n'est plus pratiquée depuis longtemps; mais il en serait tout autrement si, malgré leur tendance trop individualiste, les planteurs venaient à se grouper en Associations coopératives et à posséder en commun des magasins et une organisation commerciale. Les planteurs d'Algérie leur donnent, à cet égard, des exemples particulièrement encourageants.

La Régie, qui a favorisé en Algérie la formation de ces Coopératives, verrait avec la même faveur des Coopératives de planteurs se constituer en France. Bien entendu, pour ces tabacs à livrer à l'exportation, une plus grande liberté serait laissée aux planteurs dans le choix des graines, les méthodes culturales, etc.

Les planteurs auraient sans doute tout intérêt à profiter de l'expérience des Agents du Service de la culture en suivant les conseils que ces derniers s'empresseraient de leur donner, s'ils le désiraient, mais il ne s'agirait plus d'instructions impératives.

Au contraire, quand il s'agit de culture de tabacs que la Régie sera tenue d'acheter, on ne peut que maintenir les obligations actuellement imposées, notamment au point de vue des graines sélectionnées par les soins de l'Administration. Le Service qui a la responsabilité de la fabrication doit pouvoir exiger la réalisation des conditions nécessaires pour donner la qualité voulue aux feuilles qu'il sera forcé d'utiliser.

D'autre part il ne paraît pas possible, étant donnés les prix élevés auxquels sont vendus les tabacs fabriqués, de laisser se relâcher la surveillance fiscale à laquelle sont soumis les planteurs. Avec des feuilles qu'ils vendent de 4 à 5 francs le kilogramme ils peuvent arriver à fabriquer un tabac, évidemment de qualité inférieure, mais susceptible cependant de se substituer au scaferlati ordinaire vendu 27 fr. 50 le kilogramme. La prime à la fraude est tellement énorme que celle-ci se développerait sûrement et l'on verrait augmenter le nombre des fumeurs de cru.

La différence de tempérament et de mentalité du Français et de l'Américain ne peut permettre d'envisager l'adoption en France du système en vigueur aux États-Unis.

Aux États-Unis, la culture est absolument libre, les fermiers planteurs n'ont à tenir aucune comptabilité, et ne sont assujettis à aucun impôt; ils vendent leurs récoltes à n'importe qui, sans avoir à s'assurer de la qualité des acheteurs, mais ces derniers, dénommés « dealers », qu'ils soient planteurs ou non, sont astreints, en raison du commerce qu'ils exercent sur les tabacs, à des déclarations, à la tenue d'une comptabilité des matières qu'ils achètent, et à un cautionnement. La circulation du tabac n'est donc plus libre, puisque, si les tabacs entrent bien librement chez le « dealer », ils ne peuvent plus en sortir qu'accompagnés d'un titre de mouvement. Le « dealer » a la faculté de vendre ces tabacs à des fabricants, pour l'exportation, ou à d'autres « dealers », et ne paye aucun impôt. Par contre, s'il est soumis de la part du fisc à des enquêtes très sévères, c'est qu'en Amérique l'impôt est assis à la fabrication, et qu'il est intéressant de connaître les quantités de tabacs achetées aux planteurs, quantités qui, ultérieurement, iront chez les fabricants.

Le fermier planteur a le droit de fabriquer du tabac pour sa consommation; mais en dehors de cette exception, toute personne qui se livre à la fabrication est soumise à l'impôt.

Cette tolérance, conduirait immédiatement, en France, à des abus infiniment dangereux pour le Trésor.

Aux États-Unis, ces abus ne se produisent pas, puisque toute tentative de fraude est réprimée avec une extrême rigueur; des peines très sévères sont appliquées sans que les fraudeurs puissent avoir la moindre espérance d'y échapper, et pour déceler la fraude, le Service du Contrôle possède, aux États-Unis, des pouvoirs extrêmement étendus, notamment au point de vue des perquisitions. Ce procédé ne serait pas supporté en France : nos mœurs, notre régime, les habitudes du pays ne le permettraient pas. Trop de passe-droits seraient octroyés, des interventions de toutes sortes viendraient contrecarrer les autorités chargées de réprimer les fraudes, et des fuites assez considérables s'ensuivraient.

Il est donc impossible de renoncer aux règles fiscales actuelles concernant la culture du tabac.

3° Conclusions.

Les conclusions de la Commission, en ce qui concerne la culture, sont les suivantes :

1° Il est à la fois de l'intérêt général et de l'intérêt de la Régie de maintenir la culture indigène;

2° Il est désirable de développer cette culture ainsi que la culture dans les Colonies françaises pour réduire, autant que le permet la nécessité de la fabrication, l'achat des tabacs exotiques payés en devises étrangères;

3° Pour permettre ce développement, il faut rechercher les améliorations à apporter à la culture actuelle et obtenir l'acclimatation d'espèces nouvelles. Ces résultats ne peuvent être obtenus que dans un Institut expérimental largement outillé qui serait créé, par exemple, à Bergerac.

Cet Institut organiserait des cours et conférences de démonstrations, et rédigerait une revue tenant tous les planteurs au courant des progrès réalisés;

4° Pour la défense des intérêts du Trésor, il est indispensable de maintenir la surveillance fiscale et, notamment, la mise à la charge des planteurs des quantités de feuilles produites par eux et dénombrées avec toute l'exactitude possible;

5° En raison de la nécessité de la surveillance fiscale, et plus encore en raison de l'étroite liaison qui doit exister entre le Service de la culture et celui de la fabrication qui est seul en mesure de donner au premier ses directives basées sur les possibilités d'emploi des tabacs dans les confections des Manufactures, le Service de la culture doit rester rattaché à la Direction Générale des Manufactures de l'État et ne doit pas être détaché au Ministère de l'Agriculture.

B. LES ACHATS.

a. *Les achats en France.*

1° EXPOSÉ.

Fixation des prix d'achat. — Les prix sont fixés chaque année par une Commission paritaire composée de 8 membres : 4 fonctionnaires de la Direction générale des Manufactures de l'État, désignés par le Ministre, et 4 représentants des planteurs désignés à l'élection parmi les planteurs de tabac (un pour la région du Nord et de l'Est, un pour celle du Sud-Est, deux pour celle du Sud-Ouest, la plus importante).

La Commission est présidée par un Président de Chambre de la Cour des Comptes, lequel, en cas de partage des voix, a fonction d'arbitre.

Jusqu'en 1923 les prix étaient fixés en décembre pour la récolte en cours qui est livrée en janvier et février suivants; à partir de la récolte 1924, sur la demande des planteurs, les prix ont été fixés en avril avant la plantation.

Avant l'année 1922, la Commission paritaire fixait les qualités et les prix des qualités; il appartenait à des commissions d'expertise, dont le rôle et la composition ont été exposés au chapitre « Culture », de classer les tabacs livrés par les planteurs dans chacune des qualités ainsi définies, et le prix à payer aux planteurs se trouvait ainsi déterminé.

Le fonctionnement de ces commissions a provoqué de vives critiques de la part de l'Administration des Tabacs, qui estimait que l'arbitrage prévu par la loi ne pouvait pratiquement jouer, et que certaines commissions avaient une tendance à surclasser certaines qualités de tabac, ce qui produisait des prix exagérés. Pour remédier à cet état de choses, l'Administration a obtenu du Parlement que les travaux de ces commissions d'expertise, dont il a été parlé dans l'exposé A 1, se traduiraient comme résultats par des prix moyens.

Pour apprécier le prix moyen des tabacs indigènes, le Gouvernement dispose d'une base : le prix d'achat à l'étranger des tabacs susceptibles d'être employés dans les fabrications de la même façon que les tabacs indigènes.

Compte tenu d'une certaine prime à la production, destinée à sauvegarder les intérêts des planteurs français, le Gouvernement entend limiter à un certain taux moyen les prix des tabacs indigènes. Ce prix moyen doit être fixé par la Commission paritaire et imposé aux commissions d'expertise, qui n'interviennent plus alors que pour répartir équitablement les crédits mis à leur disposition, suivant les quantités de tabacs qui leur sont livrées.

La Commission paritaire fixe le nombre et la définition des qualités, la valeur relative des prix de ces qualités, ainsi que le mode d'application du prix moyen et de ces prix de qualités. Chaque Commission d'expertise dispose d'un prix moyen aux 100 kilogrammes de l'ensemble des tabacs qui lui sont livrés.

Les planteurs reçoivent, le jour du classement des tabacs, la somme résultant de l'application à ce classement des prix provisoires de qualités déterminés comme suit :

Le prix provisoire de la première qualité est le prix moyen fixé par la Commission paritaire pour la Commission d'expertise qui doit procéder au classement; le prix provisoire des autres qualités est obtenu en appliquant à ce prix provisoire de la première qualité les valeurs relatives fixées par la Commission paritaire.

Les tabacs étant classés en quatre qualités avec un prix moyen supposé fixé à 400 francs par exemple, il en ressort que :

Pour la première qualité, le planteur reçoit immédiatement le prix moyen, soit	400	francs.
Pour la 2e qualité	$400 \times x$	—
Pour la 3e qualité	$400 \times xx$	—
Pour la 4e qualité	$400 \times xxx$	—

Lorsque la réception de toute la récolte par la Commission d'expertise est terminée, on calcule dans quelle proportion les prix provisoires peuvent être augmentés pour que la récolte considérée soit payée au prix moyen, et l'on verse aux planteurs le complément des sommes qui leur sont dues, d'après les prix définitifs.

Des jeux de primes complètent l'organisation du système ; primes de bonne présentation de récolte, primes de finesse, etc.

A titre documentaire, nous signalons que l'importance des quantités de tabacs, achetées et payées en France, depuis 1912, a été la suivante : (Voir tableau B 1).

1 *bis*. EXAMEN DES PRINCIPALES CRITIQUES FORMULÉES SUR LES ACHATS DE TABACS INDIGÈNES.

EXPOSÉ.	OPINION DE LA COMMISSION.
Les méthodes d'achat des tabacs indigènes ont été trouvées irrationnelles	Si l'on admet le principe que la Régie est tenue d'acheter la totalité de

EXPOSÉ.	OPINION DE LA COMMISSION.
et anti-économiques, les prix n'étant pas toujours fixés d'après la valeur réelle de la marchandise et le vendeur se trouvant, en dernière analyse, déterminer la catégorie dans laquelle seront classés ses produits. Une industrie quelconque, travaillant normalement, ne fixerait pas des prix uniformes pour des matières de qualités fort inégales. On a trouvé aussi que les prix payés étaient absolument exagérés par rapport à ceux des tabacs étrangers de qualité similaire. Enfin la méthode de classement a pour effet, lorsqu'elle est mal appliquée, de pousser à l'augmentation de la quantité au détriment de la qualité. D'autre part, les planteurs de tabac ont demandé que la Commission paritaire se base pour fixer le prix des tabacs sur le prix de revient, et non, comme le demande l'Administration, sur le cours mondial des tabacs d'emploi similaire dans les fabrications, augmenté d'une prime de protection convenable.	la récolte des tabacs dont la culture est autorisée, il paraît absolument nécessaire que les prix d'achat continuent à être fixés par des Commissions paritaires. La Commission paritaire, dont la composition a été déterminée par la loi du 30 juillet 1918, fonctionne dans des conditions satisfaisantes, mais il n'en est pas de même des Commissions d'expertise dans lesquelles la majorité existe finalement en faveur des planteurs, car l'expérience a prouvé que l'arbitre, planteur lui-même, ne présentait pas toujours une indépendance suffisante pour résister à la pression des planteurs. La conséquence des classements irréguliers a été : d'une part, jusqu'en 1922, des augmentations de dépenses injustifiées, et, d'autre part, un abaissement de la qualité moyenne dans les régions où les Commissions d'expertise fonctionnaient d'une manière défectueuse, en classant aussi favorablement les mauvais tabacs que les bons. La mesure qui a consisté à fixer un prix moyen au lieu d'un prix par qualité a eu pour effet d'enrayer l'augmentation des dépenses, mais elle n'a pas pu remédier à l'abaissement de la qualité, là où les Commissions d'expertise ont continué à ne pas faire de distinctions suffisantes entre des récoltes de qualités très diverses. Il est impossible de baser le prix des tabacs en feuilles sur leur prix de revient, car toutes évaluations du prix de revient applicable à l'une des cultures qui entrent dans l'assolement d'un domaine agricole sont éminement incer-

taines et on ne voit pas pour quelles raisons le prix d'achat des tabacs indigènes serait fixé sur des bases autres que celles sur lesquelles s'établissent les prix des autres denrées agricoles, c'est-à-dire d'après leurs cours sur le marché mondial augmentés d'une prime résultant de la protection douanière. Étant donné l'existence du monopole, la protection n'existe pas sous forme de droits de douane et il y a lieu de suppléer à ces derniers en augmentant le prix mondial d'une prime raisonnable de protection. Les propositions faites à la dernière session de la Commission paritaire de 1924 par l'Administration étaient basées sur une prime de protection de 35 p. 100. Ce chiffre paraît très élevé à la Commission et bien que l'arbitre l'ait encore augmenté, il n'a pas satisfait les planteurs. La Commission estime leurs réclamations mal fondées et émet l'avis que la prime de protection est même actuellement trop élevée.

Il y a lieu de remarquer, en effet, que les planteurs de tabac jouissent déjà, du fait du monopole, de l'avantage considérable d'être assurés de la vente de la totalité de leur récolte en une seule fois, aussitôt que cette récolte est prête à livrer et à des prix qu'ils connaissent à l'avance approximativement.

2° OBSERVATIONS DE LA COMMISSION.

Si l'on maintient le principe de la réglementation actuelle de la culture, c'est-à-dire l'obligation, pour le planteur, de livrer toute sa récolte à l'État et, pour ce dernier, d'accepter la totalité des quantités produites sur les terrains où la culture a été autorisée, on reconnaît que les prix d'achat doivent continuer à être fixés par des commissions paritaires. La principale critique qui pourrait être adressée à cette organisation paritaire serait de ne pas tenir suffisamment compte de la question qualité.

Pour remédier à cet inconvénient, la Commission estime qu'il y aurait lieu, en modifiant la loi de 1913, de procéder de la manière suivante :

La Commission paritaire des prix opérerait en deux sessions et en deux stades; dans la première session, la Commission paritaire des prix, avant les plantations, fixerait des prix provisoires par qualité.

Les Commissions d'expertise des réceptions seraient réduites à quatre membres : deux planteurs élus et deux fonctionnaires, l'un des deux fonctionnaires ayant pouvoir de décision en cas de partage égal des voix. Les Commissions d'expertise effectueraient, sans appel, le classement par qualité, et les prix provisoires, fixés dans la première session de la Commission paritaire des prix, seraient immédiatement et intégralement payés aux planteurs.

Lorsque les résultats complets des classements prononcés par les Commissions d'expertise seraient connus, ils seraient soumis à la Commission paritaire des prix dans une seconde session; celle-ci, où l'Administration n'aurait plus la majorité, et où le président aurait pouvoir d'arbitre, fixerait, au vu des résultats du classement des Commissions d'expertise et après examen, s'il y a lieu, des échantillons des tabacs, les prix définitifs par qualité pour chacune des Commissions d'expertise.

La soulte restant à verser aux planteurs, par application des prix définitifs, leur serait payée dans les conditions où leur est actuellement acquittée la soulte pour arriver aux prix moyens fixés par la Commission paritaire des prix actuels.

Cette nouvelle méthode aurait pour avantages :

1° De fixer les prix d'achat d'après les conditions du marché international, au moment même des livraisons, ce qui est préférable à une fixation des prix faite huit ou neuf mois à l'avance, surtout dans un temps où les variations des changes modifient considérablement les prix internationaux.

C'est ainsi que les marchés passés entre les sucreries et les cultivateurs de betteraves, qui présentent quelque analogie avec les contrats que passe la Régie avec les planteurs de tabacs, comportent des modalités de règlement basées sur le cours du sucre au moment de la livraison de la récolte et non au moment des plantations;

2° La fixation des prix par qualité et le classement correct à la réception inciteraient les planteurs à améliorer leurs récoltes, ce à quoi ils ne sont plus poussés lorsque les classements sont mal effectués;

3° Les planteurs n'auraient pas à craindre d'abus de la part des fonctionnaires de l'Administration, bien que ceux-ci aient le dernier mot dans les classements, puisque la Commission paritaire pourrait, au vu des classements effectués, déterminer les prix en conséquence, et fonctionner en quelque sorte comme une juridiction d'appel pour rectifier les abus qui auraient pu se produire.

b. *Les achats à l'étranger.*

1° EXPOSÉ.

Les quantités de tabacs exotiques achetés au cours des dernières années sont les suivantes :

Année 1920	50,179,824 kilogr.
— 1921	41,658,625 —
— 1922	27,408,048 —
— 1923	18,400,000 —

(dont 400,000 kilogrammes des colonies françaises autres que l'Algérie).

(Voir tableau B II, statistique des différentes quantités achetées et des différents prix payés.)

En ce qui concerne ces tabacs exotiques, il y a lieu de distinguer ceux qui sont achetés directement sur les marchés de l'étranger, et ceux qui sont achetés en vertu de contrats. Les premiers comprennent principalement les tabacs des États-Unis et les tabacs des Indes Néerlandaises; les achats sont effectués par des missions d'ingénieurs qui opèrent suivant les méthodes commerciales et les usages des marchés du pays. Il n'est pas possible de procéder à des achats directs pour les tabacs des autres provenances, notamment pour les tabacs de Paraguay, de Colombie, de Saint-Domingue, etc. Ces tabacs sont, en effet, entre les mains des négociants qui les achètent directement aux cultivateurs; et font des avances d'argent à ces cultivateurs avant la plantation, pour s'assurer leur récolte.

L'Administration est donc obligée de s'adresser à ces négociants comme le font d'ailleurs tous les autres fabricants.

Toutefois, depuis la guerre, on a renoncé aux adjudications publiques, pour ne pas se trouver dans l'obligation de faire connaître l'importance des besoins, et pour éviter ainsi une hausse des cours, qui résulte toujours des publications de ces besoins. Les détenteurs de tabacs sont néanmoins mis en concurrence, sans connaître à l'avance les quantités que l'Administration se propose d'acheter. Les offres sont examinées, et on peut ainsi profiter de toutes les occasions favorables dans la limite des crédits dont on dispose.

Pour les tabacs exotiques qui ne sont pas achetés sur les marchés de l'étranger par des procédés commerciaux, l'Administration passe des contrats avec les fournisseurs, et les achats sont effectués sur des types de livraison constitués à l'avance.

Au moment de la livraison on prélève un échantillon sur chaque balle présentée, avec toutes les précautions nécessaires pour que cet échantillon représente bien les tabacs contenus dans la balle. Ces échantillons sont classés par comparaison avec les types de livraison, par une commission composée de trois ingénieurs experts.

La mission française qui, chaque année, achète pour plus de 100 millions de francs de tabac aux États-Unis, s'est trouvée sur place dans la même situation qu'une firme ordinaire, et elle a dû créer toute une organisation d'achat. Elle a des acheteurs principaux sur différents points, notamment dans le Kentucky, le Maryland, et la Virginie, qui ont eux-mêmes des acheteurs secondaires répartis dans la région aux points d'achats. Ces derniers, en raison de leur liberté d'action, sont des hommes de confiance minutieusement choisis. La mission, installée à Baltimore, reçoit les ordres de l'Administration, et passe des commandes aux acheteurs principaux, en indiquant des prix d'achat un peu inférieurs aux prix limites fixés par l'Administration, et en spécifiant les conditions d'expédition sur les ports d'embarquement.

Les acheteurs principaux achètent les quantités demandées, s'occupent du séchage et de l'emballage, ainsi que de l'expédition par voie ferrée. Dès que les tabacs sont sur wagons, le rôle des acheteurs principaux est terminé. A ce moment, l'agent chargé par la mission des expéditions passe, avec ses agences dans les ports, les contrats nécessaires avec les compagnies de navigation, pour le transport des produits en France.

Le recrutement du personnel nécessaire à cette mission, personnel composé d'employés et d'acheteurs américains, présente de grandes difficultés. Ces acheteurs sont rétribués par une commission calculée d'après les quantités de tabac achetées, et par l'allocation de frais supplémentaires pour le séchage.

Les dépenses de la mission d'achat, comprenant les frais de mission, les frais de bureau, de correspondance, les gages des employés de bureau, mais non les commissions des acheteurs américains, se sont élevées en 1923, à 386,000 francs. Cette dépense est d'ailleurs comprise dans le prix de revient des tabacs, lequel ne doit pas dépasser la limite fixée par le Ministre.

Un état statistique, B II, donne la décomposition des poids des tabacs exotiques achetés tous les ans, les prix payés, avec, en regard, les poids des tabacs indigènes achetés, les prix payés pour ces tabacs, et les pourcentages, en poids et en sommes, des tabacs exotiques par rapport aux tabacs indigènes.

c. *Les achats en Algérie.*

L'Administration achète les tabacs en feuilles d'Algérie par des procédés purement commerciaux. Elle reçoit les offres des planteurs dans ses magasins ou envoie même des acheteurs sur les marchés publics. Elle s'efforce de se procurer, par ses achats directs, les plus grandes ressources possibles en se fixant un prix limite légèrement supérieur à celui qu'elle aurait à payer pour l'achat de tabacs exotiques remplissant, dans les mélanges de sa fabrication, le même rôle que les tabacs algériens.

En suivant cette règle, l'Administration s'abstient d'acheter si les cours commerciaux dépassent son prix limite; mais par contre, lorsque les prix commerciaux s'abaissent et sont menacés d'un effondrement, l'Administration achète sur le marché public pour protéger les planteurs contre les abus des commerçants et fabricants algériens qui aviliraient les prix à un point qui léserait les planteurs et les découragerait.

L'Administration a ainsi acheté, en 1920, dans des conditions très satisfaisantes, 40 p. 100 de la récolte du département d'Alger au prix moyen de 227 francs; 9 p. 100 de la récolte du département de Constantine, au prix moyen de 299 francs; au total 30 p. 100 de la récolte.

Dans la région de Bône, les planteurs se sont groupés en coopérative, et ont conclu, en 1921, avec l'Administration, une convention d'une durée de dix ans, pour la fourniture d'une quantité déterminée de tabacs secs et emballés à des prix fixés d'après la parité aux trois espèces exotiques achetées l'année précédente et jouant à peu près, dans les fabrications, le même rôle que les tabacs de la région de Bône.

Le prix de base ainsi déterminé est majoré, à titre de protection, de 15 p. 100.

D'après la convention, une portion de la récolte est laissée à la coopérative de Bône en vue d'être exportée, notamment en Belgique et en Hollande où ces tabacs sont très recherchés. La coopérative a donné de si bons résultats qu'elle groupe actuellement la grande majorité des planteurs.

Dans le département d'Alger, deux coopératives ont été créées en 1923; l'Administration a traité avec elles dans des conditions analogues à celles de Bône. D'après les premiers résultats obtenus dans ces trois coopératives, qui consacrent des sommes importantes à des recherches et expériences, on est fondé à attendre une amélioration réelle de la culture et même l'acclimatation de variétés exotiques.

d. *Les achats dans les Colonies.*

D'une façon générale, dans les Colonies où la culture du tabac n'est pas encore bien assise, l'Administration procède à l'achat de lots de 500 kilogrammes à des prix suffisants pour payer les frais d'une première culture d'essai lorsqu'une Commission interministérielle, dite des tabacs coloniaux, a reconnu que les spécimens présentés sont susceptibles d'intéresser les fabrications de la Régie.

A Madagascar, le tabac pousse dans toute l'île et dans des conditions favorables; mais il est en général très chargé en nicotine et ne peut guère être employé tel quel dans les fabrications françaises. De gros efforts sont faits par l'Administration pour acclimater d'autres variétés et améliorer la culture, sous la direction d'une mission envoyée spécialement sur les lieux.

Les envois de Madagascar se sont élevés, en 1922 (récolte 1921), à 28,000 kilogrammes environ; ceux de 1923 (récolte de 1922) à 300,000 kilogrammes. Le prix de revient moyen de ces tabacs, rendus quai Marseille, est de 270 francs par 100 kilogrammes.

Il est vraisemblable que les résultats obtenus à Madagascar iront rapidement en augmentant aussi bien au point de vue de la qualité des tabacs produits que des quantités achetées par la Régie.

1 *bis*. EXAMEN DES PRINCIPALES CRITIQUES FORMULÉES SUR LES ACHATS DE TABACS EXOTIQUES.

EXPOSÉ.

On reproche à la Régie, quand elle fait des achats à l'étranger, de procéder en principe par la voie de l'adjudication publique, de sorte que, par le seul fait de publier ses besoins qui sont considérables, elle détermine à son détriment une hausse des cours tout en imposant des délais qui ne lui permettent point de choisir le moment le plus opportun.

D'autre part, comme les crédits affectés aux achats de tabacs exotiques sont limités par exercice, il est impossible de dépasser ces crédits lorsqu'il se présente des occasions favorables qui permettraient de constituer des stocks de tabacs de bonne qualité, ou d'obtenir des prix très modérés.

OPINION DE LA COMMISSION.

Les critiques formulées sont fondées en théorie, mais en fait, l'achat par voie d'adjudication publique, qui est prévu en principe, n'est, pour ainsi dire, plus jamais employé. On a autorisé la Régie, à très juste titre, à déroger très largement à cette règle et les résultats ont été extrêmement favorables. Il n'y aurait donc qu'à régulariser complètement une pratique qui est courante depuis plusieurs années.

La limitation des crédits affectés aux achats de tabacs, par exercice, est très fâcheuse, il importe de trouver un système permettant d'y remédier.

La Commission examinera de tels systèmes ultérieurement.

2° OBSERVATIONS DE LA COMMISSION.

La principale difficulté du système d'achat à l'étranger réside dans la limitation des crédits par exercice.

Le monopole étant incorporé dans le budget, toute dépense relative à ce monopole figure au chapitre « Dépenses » sans que l'on fasse état de la contre-partie « Recettes »; cette pratique qui ne fait pas ressortir l'excédent des recettes sur les dépenses, c'est-à-dire les bénéfices certains, permet de réduire tous les chapitres « Dépenses » du budget, lorsqu'on a besoin, pour des raisons budgétaires, de réaliser certaines économies.

Il est souvent arrivé au Ministre des Finances et au Parlement de rogner sur le chapitre « Achats de tabacs », ce qui a conduit à l'impossibilité, pendant certains exercices, d'acheter les tabacs nécessaires à la consommation et à la constitution du stock minimum. Les acheteurs à l'étranger ne disposant pas de crédits suffisants ne peuvent profiter des lots qui se présentent à certains moments et qui peuvent être de réelles occasions, « bargains » en Amérique.

Plus tard, si les stocks sont complètement épuisés, la nécessité de ne pas arrêter les manufactures et de fournir aux consommateurs les tabacs dont ils ont besoin entraîne le Parlement à voter des crédits spéciaux d'achats. Il est probable que, dans ce cas, la Régie, obligée de subir les cours, paye ces tabacs plus cher que si elle avait eu la possibilité de choisir le moment des achats.

Un cas analogue s'est produit en 1923-1924. Les crédits de 1923 se sont trouvés insuffisants pour permettre de réaliser le programme d'achat, en raison de la hausse des changes étrangers, les fabrications ont dû être alimentées par prélèvement sur les stocks. Les cours des tabacs étant élevés au début de 1924, on a attendu jusqu'à la dernière limite pour effectuer les achats de certaines espèces, mais il a été impossible de surseoir à ces achats au delà du mois de mai, malgré la baisse qui paraissait se manifester, sous peine de ne pouvoir alimenter les fabrications. Des tabacs de Saint-Domingue et de Java-Crossoh ont été ainsi payés près de 5 dollars de plus par 100 kilogrammes que s'il avait été possible de les acheter en 1923 ou d'attendre quelques mois plus tard.

La question des crédits mis à la disposition de l'Administration pourrait être résolue de deux manières :

1° On créerait un fonds de roulement spécial par ouverture de crédits, analogue à ceux des Compagnies de chemins de fer pour leurs achats de charbons, fonds qui serait alimenté par des allocations annuelles égales aux besoins moyens de la Régie, mais dans lequel celle-ci pourrait puiser à l'occasion des sommes supérieures à ses besoins moyens, quitte à laisser, pendant les années suivantes, se reconstituer ce fonds par le jeu des allocations budgétaires;

2° On permettrait à la Régie des émissions de bons ou d'obligations qui lui serviraient à couvrir ces dépenses exceptionnelles de constitution de stocks, et dont le service de l'intérêt et de l'amortissement serait à sa charge et figurerait dans ses dépenses d'exploitation. Cette dernière méthode a été particulièrement envisagée dans le projet d'office qui a fait l'objet d'une étude spéciale (voir annexe B).

Une grande partie des tabacs qui ne sont pas achetés par adjudication ou qui ne font pas l'objet de marchés avec des fournisseurs traitant pour une grosse quantité avec la Régie sont achetés, sur place, par des fonctionnaires de l'Administration.

Dans l'industrie, la question des achats est toujours celle qui offre le plus de difficultés parce qu'elle exige des techniciens consommés, des agents connaissant bien les habitudes du pays, en possédant bien la langue et qui soient, en même temps, de la plus grande honnêteté. Si cette qualité peut être hautement reconnue aux fonctionnaires de notre pays, ils ne peuvent posséder les deux premières qu'après un apprentissage spécial. Les acheteurs de tabacs peuvent se former d'abord à l'École d'application, mais ils ne peuvent acquérir les connaissances indispensables à leurs fonctions que dans le pays même où ils opèrent, où ils doivent séjourner, par conséquent, un temps prolongé. Il faut leur donner les moyens d'y vivre, eux et leur famille, dans des conditions honorables.

Le rôle de ces fonctionnaires est essentiellement différent de celui des fonctionnaires des autres administrations publiques, leur assimilation avec ces derniers, qui a été faite jusqu'ici, empêche de leur allouer des traitements en rapport avec l'importance de leurs fonctions. Ils effectuent des opérations commerciales considérables (plus de 100 millions de francs aux États-Unis). Il ne faudrait pas hésiter à leur allouer des crédits pour frais spéciaux, calculés d'après un pourcentage de l'importance de leurs achats, qui leur seraient absolument nécessaires pour leur permettre d'avoir des bureaux d'achats mieux organisés et de s'assurer le concours d'employés en nombre suffisant, bien au courant des habitudes du pays où ils opèrent.

Cette question sera reprise lorsque l'on traitera de l'organisation du personnel (pages 88 et 90).

CONCLUSIONS.

Les conclusions de la Commission, en ce qui concerne les achats de tabacs en feuilles, sont les suivantes :

I. *Achats de tabacs indigènes.*

1° Dans le cadre des lois actuelles qui ont fixé le fonctionnement de la Commission paritaire des prix et le fonctionnement des Commissions d'expertise des réceptions, la Commission constate que la fixation des prix par la Commission paritaire pourrait être effectuée dans des conditions relativement satisfaisantes pour les intérêts des deux parties (planteurs et administration), sous réserve que la prime de protection ne soit pas exagérée et que l'on renonce à baser la fixation des prix sur des prix de revient qu'il paraît absolument impossible de déterminer avec certitude d'une manière pratique;

2° La Commission émet le vœu qu'une loi nouvelle modifie à la fois les attributions et le fonctionnement de la Commission paritaire des prix et de la Commission d'expertise des réceptions, conformément au projet développé pages 31, 32, 33.

II. *Achats de tabacs exotiques.*

1° Il y a lieu de régulariser par un texte la suppression de fait des adjudications publiques pour l'achat des tabacs exotiques;

2° Il y a lieu de développer les achats directs aux pays de production; pour y réussir, il convient d'augmenter le nombre des agents composant la mission, d'améliorer les conditions matérielles dans lesquelles ils travaillent, d'augmenter notablement leur rémunération ou leur indemnité de mission, conditions indispensables pour en assurer le recrutement;

3° Il est urgent de prendre des mesures nécessaires pour que les achats de tabacs exotiques ne soient pas gênés par l'insuffisance des crédits budgétaires, en raison de l'annualité des budgets; à cet effet, il y a lieu d'instituer un fonds de roulement pour l'achat des tabacs exotiques jusqu'au jour où seraient apportés, aux règles d'administration de la Régie des tabacs, des changements qui lui permettraient d'effectuer des emprunts.

C. LA FABRICATION.

1° EXPOSÉ.

Il existe actuellement, sur le territoire français, non compris l'Alsace et la Lorraine, 20 manufactures de tabac, occupant un personnel d'ouvriers et ouvrières de 17 à 18,000 personnes.

En outre, il existe à Limoges des ateliers de constructions, chargés plus spécialement de la confection du matériel pour les différentes manufactures.

Le tableau C I donne la décomposition de ces manufactures, de leur personnel ouvrier, de leur personnel dirigeant, les surfaces couvertes et les valeurs approximatives de ces établissements à ce jour.

Le tableau C II montre les salaires moyens des ouvriers et ouvrières dans les différentes manufactures.

Les produits.

Les produits fabriqués par la Régie se répartissent dans les catégories suivantes :

ESPÈCES DE PRODUITS.	QUANTITÉS EXPÉDIÉES en 1923.	
Tabac à priser	4,260,000	kilogr.
Tabacs à mâcher	1,078,000	—
Tabacs à fumer	38,237,000	—
Cigarillos	207,000	kilogr. vénaux.
Cigarettes	8,143,000	— —
Cigares	1,429,000	— —
TOTAL GÉNÉRAL	53,354,000	kilogr.

NOTA. Le kilogr. vénal de cigarillos comprend 1,000 cigarillos.
— cigarettes — 1,000 cigarettes.
— cigares — 250 cigares,

Composition de ces différents produits. — La composition, suivant l'origine des feuilles du tabac, des différents produits est légèrement variable, d'année en année, pour s'adapter aux rendements des récoltes et aux variations inévitables des approvisionnements de la Régie.

Toutefois, les compositions normales, actuellement adoptées, et qui sont respectées autant que possible, sont indiquées ci-après.

Poudre à priser. — Tabacs indigènes corsés (Lot, Lot-et-Garonne et Nord) .... 90 p. 100.

Tabacs noirs des États-Unis d'Amérique du Nord (Virginie) .... 10 p. 100.

En très faible quantité, l'Administration fabrique et vend des poudres à priser composées exclusivement de tabacs de Virginie.

Tabacs à mâcher. — Les tabacs à mâcher sont composés, pour les menu-filés, uniquement de tabacs indigènes corsés du Lot-et-Garonne.

Pour les rôles ordinaires et les carottes, il est indispensable d'utiliser, en dehors des tabacs indigènes corsés, 40 à 55 p. 100 de tabacs de Kentucky corsé.

Tabacs à fumer. — Le scaferlati maryland est exclusivement composé de tabacs exotiques, en principe de tabacs provenant de l'État de Maryland, ou de substituts des provinces d'Ohio et de Kentucky Burley.

Scaferlati ordinaire. — La composition du scaferlati ordinaire comporte, d'une manière permanente, une certaine proportion de tabacs des États-Unis de la variété kentucky dark qui peut varier de 20 à 30 p. 100, mais ne peut descendre au-dessous de 15 p. 100. La proportion des tabacs indigènes de France est normalement de 25 à 40 p. 100, celle des tabacs d'Algérie, pour les espèces actuellement cultivées dans la colonie, est de 15 p. 100 environ. La composition est complétée par des tabacs de diverses provenances, à qui l'on ne demande qu'un rôle de remplissage, et qui, en conséquence, doivent avoir pour qualités d'être légers, combustibles, et d'avoir un goût aussi neutre que possible. Suivant les facilités d'achats, ces tabacs, désignés sous le nom de crus divers, proviennent des îles Philippines, du Paraguay, de Saint-Domingue, de Colombie, de Java, de Birmanie, et, lorsque les circonstances politiques ne s'y opposent pas, de Hongrie et de Russie Centrale.

Scaferlati supérieur. — La composition ne diffère en général de celle du scaferlati ordinaire que parce qu'on utilise dans cette confection les premières qualités de divers crus, dont les feuilles plus développées et plus corsées justifient de subir la main-d'œuvre assez coûteuse de l'écotage.

Cigarettes. — Jusqu'à ces dernières années, le scaferlati, dans la confection des cigarettes, ne différait pas de celui mis en paquets. Malgré les sujétions que la mesure impose, l'Administration a modifié ces dispositions, et elle a donné au scaferlati entrant dans la confection des cigarettes une composition très légèrement différente de celle des paquets de scaferlati. Tout en respectant les grandes proportions des espèces de feuilles, kentucky, indigènes, Algérie, crus divers, on s'attache à choisir pour les cigarettes les variétés ou les qualités les plus légères et les plus foisonnantes, puisque le tabac vendu sous forme de cigarettes, est en somme vendu au volume et non plus au poids réel comme le tabac vendu en paquets.

Cigares. — Tous les cigares, à la seule exception des picaduros, sont composés exclusivement de tabacs exotiques : Havane, Brésil, Indes Néerlandaises.

Un petit nombre de modules, fabriqués uniquement à la manufacture de Reuilly, sont entièrement en Havane, y compris la feuille extérieure de cape. Tous les autres cigares, que l'intérieur soit en Havane ou en Brésil, ou même contienne en majeure partie des tabacs indigènes comme les picaduros, ont pour cape des feuilles des Indes Néerlandaises (Sumatra ou Java). On signale en passant que depuis quelques années la colonie du Cameroun, placée sous le mandat français, produit et livre à la Régie des tabacs ayant la même qualité et la même valeur que les tabacs de Sumatra.

La grande majorité des cigares fabriqués par la Régie a pour composition :

Cape........................	Sumatra ou Java.
Sous-cape....................	Brésil ou Java.
Intérieur.....................	Brésil.

Depuis quelques années, l'Administration, pour répondre à une orientation très nette du goût des consommateurs, s'est appliquée à créer de nouveaux modules dont on a allégé la force en mêlant aux tabacs du Brésil certaines proportions de tabacs de Java.

Les picaduros, capés en Java, utilisent des feuilles indigènes comme sous-capes; l'intérieur est composé de Brésil et Java.

Cigarillos. — Les cigarillos ou cigarettes sans papier sont constitués par du tabac haché comme celui des scaferlatis, roulé dans une simple feuille de tabac. Cette feuille est toujours une feuille de Sumatra ou de Java. L'intérieur est en Havane pour les damitas et les regalitas, en Brésil pour les senoritas et les coquetas, en Brésil avec une légère addition de Java pour les ninas et les medianitas.

Tabacs d'Orient. — L'Administration, qui livre à la consommation des quantités assez importantes de cigarettes en tabac jaune d'origine étrangère, vendues sous leurs marques, n'a qu'une fabrication très réduite de produits en tabac jaune.

Elle confectionne, sous le nom de levant et de vizir, divers produits, uniquement composés de tabacs de très bonne qualité de Grèce Septentrionale, de Bulgarie et d'Asie-Mineure. On s'efforce, dans le choix délicat de ces feuilles de tabac jaune, et dans l'opération importante du mélange des divers crus, d'obtenir, sans addition d'aucun ingrédient étranger, du scaferlati d'arome très développé et de goût fin. La reprise de la vente des cigarettes de la Régie en tabac jaune montre que ces efforts ne restent pas sans résultat. Un succès de vente tout à fait notable a été obtenu par la création récente de cigarettes de tabac de Virginie dont le goût très spécial a commencé à être apprécié en France à l'exemple des Anglais et des Américains pendant la guerre.

La Régie fabrique encore et vend au public du scaferlati uniquement composé de feuilles d'Algérie, coupées très fin, sous le nom de « Chebli »; et des cigarettes provenant d'une usine d'Algérie, également composées de tabacs d'Algérie sans mélange, vendues sous le nom de cigarettes « Aïcha ».

La Régie, enfin, vend, sous le nom de « Caporal doux », des produits en « Caporal ordinaire » ayant subi, par un procédé nouveau, une dénicotinisation presque complète.

Moyens de production.

La fabrication des divers produits est répartie entre 20 usines, 3 dans le département de la Seine, 17 dans le reste de la France. Des ateliers de construction à Limoges construisent et livrent aux diverses usines du monopole des tabacs et du monopole des allumettes le matériel spécial qui leur est nécessaire.

Toutes les manufactures de tabacs, à l'exception de celle du Mans, fabriquent des cigares en plus ou moins grandes quantités. Toutes fabriquent du scaferlati ordinaire en paquets.

La manufacture de Reuilly, il y a peu d'années encore, était uniquement affectée à la fabrication des cigares; actuellement, elle a, en vue de recherches et d'essais, une fabrication très réduite de scaferlati ordinaire.

Les scaferlatis supérieur et maryland sont fabriqués dans la plus grande partie des manufactures, concurremment avec le scaferlati ordinaire; Châteauroux, Dijon, Morlaix, Pantin, ne fabriquent pas cependant ces espèces supérieures.

La fabrication de cigarettes, dont la vente s'accroît avec une rapidité impressionnante, est aujourd'hui répartie entre toutes les usines, sauf celle de Reuilly.

A l'exception des manufactures d'Issy et de Reuilly, toutes les manufactures fabriquent aujourd'hui également les cigarillos ou cigarettes sans papier.

Au contraire, les tabacs à mâcher, dont la vente ne dépasse guère un million de kilogrammes, ne nécessitent qu'un petit nombre de centres de fabrication. Le principal est à Morlaix, à proximité de la région où l'usage du tabac à mâcher est le plus répandu. Les manufactures de Lille et de Lyon fournissent un appoint pour compléter les besoins de la consommation.

La fabrication de la poudre à priser, qui exige des installations et des emplacements considérables, est, nécessairement, réservée à un petit nombre d'établissements : Châteauroux, Dijon, Morlaix, Pantin; le tableau C1 *bis*, fait ressortir pour l'année 1922 les fabrications des diverses manufactures.

L'organisation du service d'une manufacture est la suivante :

A la tête d'un établissement est placé un ingénieur en chef chargé de la direction, assisté d'un ingénieur dirigeant les fabrications et d'un contrôleur dirigeant le service de la comptabilité. Ces trois agents constituent le conseil de la manufacture qui se réunit tous les jours, examine toutes les questions concernant la gestion et l'exploitation de la manufacture, prend des délibérations pour soumettre à l'Administration les propositions de dépenses, ou pour lui soumettre le règlement des dépenses effectuées.

Ces trois employés supérieurs ont pour collaborateurs :

1° Des employés commissionnés, portant le titre de rédacteurs, chargés des écritures comptables et de travaux administratifs; leur nombre, variable, ne dépasse pas 4 par établissement, y compris le premier commis qui remplit le rôle de secrétaire du directeur;

2° Pour tout ce qui concerne l'entretien des bâtiments et de l'outillage mécanique et les installations nouvelles, l'ingénieur est secondé par un ou deux sous-ingénieurs mécaniciens, qui, dans les premières classes de leur carrière, portent le titre de chefs mécaniciens (1).

Les opérations de la fabrication sont dirigées et surveillées par un personnel, en partie masculin, en partie féminin, qui porte le titre de chefs d'ateliers. Quelques-uns des chefs d'ateliers sont détachés dans les bureaux de la direction et du contrôle où ils sont chargés de travaux matériels de comptabilité et de copie.

Le programme des fabrications de chaque manufacture est établi chaque année, par l'Administration Centrale, qui affecte, pour chacun de ses produits, à chaque Établissement, une circonscription territoriale déterminée.

Le programme de fabrication ainsi fixé à l'avance n'est, bien entendu, pas immuable et se plie, en temps opportun, aux diverses variations de la consommation et des ventes.

La production des quantités fabriquées par les manufactures du monopole ne serait pas actuellement suffisante pour assurer les besoins toujours croissants de la consommation si les anciens départements ne recevaient un appoint important provenant des manufactures nationales de Strasbourg et de Metz, ainsi que des manufactures privées d'Alsace qui, depuis 1919, ne peuvent plus travailler qu'à façon pour le monopole. Les trois départements du Haut-Rhin, du Bas-Rhin et de la Moselle ne sont pas encore placés sous le régime du monopole; ils

(1) Ces agents viennent de recevoir le titre d'ingénieurs-mécaniciens et sous-ingénieurs du cadre secondaire des manufactures de l'État.

constituent une direction séparée et autonome qui assure leur approvisionnement en tabacs fabriqués.

En 1921, l'Administration avait de même été amenée à traiter avec trois fabriques algériennes, pour fabriquer à façon des cigarettes et du scaferlati en paquets. Cette source d'approvisionnements est devenue aujourd'hui inutile.

1 *bis*. Examen des principales critiques formulées sur la fabrication.

I. *Variété des produits,*

EXPOSÉ.

Le rapport général sur le budget de l'exercice 1922 a reproché au monopole « de ne pas avoir le souci dominant de satisfaire aux goûts variés d'un public étendu, de suivre les fluctuations de la mode, au besoin de les prévenir ou de les régler. On s'en tient à un nombre restreint de types, toujours les mêmes, sans réussir à créer et à acclimater des variétés nouvelles. »

Cette défectuosité serait, d'après le rapporteur, la conséquence de la séparation entre le service de fabrication des Manufactures de l'État et le Service de vente des Contributions Indirectes.

OPINION DE LA COMMISSION.

Cette critique, qui a été certainement très fondée autrefois, est loin de l'être aujourd'hui.

Depuis quelques années, des efforts importants ont été faits pour augmenter le nombre des produits de la Régie et pour en améliorer la présentation. L'affluence des visiteurs qui se sont pressés dans les stands de la Régie aux Foires de Paris, de Lyon et du Mans, a pu se rendre compte, avec quelque surprise, que la Régie mettait à la disposition des fumeurs une gamme étendue de produits divers, qu'elle avait su les présenter dans des boîtages extrêmement soignés, et dont quelques-uns ont véritablement un caractère artistique.

Le tableau C IV résume le nombre de variétés mises en vente. Ce nombre est largement suffisant; il serait même plutôt excessif. Mais le public a l'impression d'un manque de variétés parce qu'il ne trouve le plus souvent dans les débits de tabac qu'un nombre très restreint de types. La critique s'adresse plutôt au système de vente qu'au Service de fabrication. Il sera examiné au chapitre de la Vente.

II. *Qualité des produits.*

Dans les documents officiels qui ont été mis sous ses yeux, la Commission a retenu les critiques suivantes :

« La Régie tient à conserver infumables ses cigarettes... Si nous laissons faire la Régie, elle tuera le goût de fumer. »

« La suppression de toute concurrence abaisse la qualité du produit monopolisé. »

L'habitude de critiquer la Régie est une mode si ancienne dans notre pays qu'elle aura peine à y disparaître.

L'Administration elle-même reconnaît que, dans le trouble apporté à son fonctionnement par la guerre, en raison des difficultés et des mécomptes qu'elle a éprouvés à ce moment pour se procurer les tabacs de bonne qualité qui lui étaient nécessaires, la fabrication a pu subir, pendant une période limitée, des défectuosités réelles; mais aujourd'hui, la fabrication a pu revenir à les procédés normaux, à des compositions régulières avec des tabacs de bonne qualité, et les plaintes des consommateurs tendent à se réduire.

D'ailleurs, la faveur avec laquelle sont accueillis, dans les pays étrangers, Belgique, Suisse et Angleterre, qui ne sont pas absolument fermés par une barrière douanière ou fiscale infranchissable, les produits courants du Monopole : cigarettes Élégantes et Gauloises, Scaferlatis en paquets, poudre, témoigne de la bonne qualité des confections de la Régie. La poudre française, en particulier, est reconnue par tous les spécialistes comme ayant une supériorité marquée sur tous les autres produits analogues.

Enfin, il est utile de signaler que, dans des pays comme la Suisse, la fa-

EXPOSÉ.	OPINION DE LA COMMISSION.
	brication locale a développé d'une manière considérable la vente de cigarettes et de paquets de tabac qui imitent, d'aussi près que possible, l'aspect des produits français de manière à profiter, à l'abri des droits de douane, de la confusion que cette imitation peut produire dans l'esprit du fumeur. (On citera notamment la vente des cigarettes parisiennes Burrus, soi-disant en Maryland, présentées sous papier jaune, comme les Élégantes Maryland françaises dont la vente dépasse 300.000 kilogr. par an).
Le papier employé à la confection des cigarettes est de qualité très variable, et parfois très défectueux.	Divers membres de la Commission ont constaté par eux-mêmes que cette critique était fondée. Il y a le plus grand intérêt à n'adopter que des papiers à cigarettes de qualité irréprochable, même au prix d'une augmentation de dépenses; si la qualité du papier était améliorée, un certain nombre de fumeurs, qui confectionnent aujourd'hui leurs cigarettes eux-mêmes parce qu'ils trouvent le papier mauvais, se mettraient à acheter des cigarettes toutes faites; et l'augmentation de la vente de ces produits, extrêmement avantageuse pour le Trésor, compenserait facilement l'augmentation de dépenses de la Régie. On ne doit pas hésiter à modifier les conditions dans lesquelles elle effectue ses achats et ses réceptions de papiers à cigarettes si la méthode actuelle ne permet pas d'obtenir sûrement une qualité constante et irréprochable. Il n'en résulterait pour l'État qu'une

EXPOSÉ. | OPINION DE LA COMMISSION.

augmentation de 6 à 700.000 francs de dépenses supplémentaires par an.

La Commission estime que c'est une des premières réformes à appliquer.

L'Association des Contrôleurs et Rédacteurs des Manufactures de l'État, dans l'exposé qu'elle a fait à la 18e séance de la Commission, a émis l'avis que la régularité de qualité des produits de la Régie serait réalisée d'une manière plus sûre si les chefs d'ateliers avaient l'autorité et la compétence nécessaires pour diriger les ouvriers; que certaines ouvrières n'apportaient pas toujours tout le soin désirable dans la confection des produits dont la réception devrait être assurée par un contrôle sévère qui refuserait tout travail insuffisant.

Cette observation n'est certainement pas sans fondement.

La question de l'autorité du personnel de maîtrise sera spécialement traitée dans une autre partie du rapport.

III. *Méthodes de fabrication.*

Les méthodes de fabrication ne seraient pas uniformes et les matières premières ne seraient pas employées avec toute l'économie désirable.

Il est évidemment nécessaire que, par un contrôle toujours en éveil de la qualité des produits, l'Administration des manufactures de l'État s'assure qu'il y a uniformité de qualité satisfaisante entre les confections de ses divers établissements. A cet égard, il y a certainement des mesures à prendre pour renforcer et rendre plus général et plus suivi le contrôle de la qualité des produits fabriqués. Mais, si les principes généraux des méthodes de fabrication doivent être les mêmes dans les diverses manufactures, il n'est nullement prouvé qu'il n'y ait pas lieu d'assouplir les méthodes aux conditions diverses que le climat, les habitudes locales, les caractères particuliers de la population ouvrière, rendent opportunes. La Commission s'abstiendra donc de recommander une uniformité absolue et estime qu'une certaine latitude doit être laissée à l'Administration.

En ce qui concerne l'économie des matières, il y a certainement encore des progrès à réaliser, mais il est équitable de rendre justice aux efforts faits par l'Administration pour obtenir du personnel les économies désirables.

Elle s'est ingéniée à créer des primes à l'économie d'emploi, très variées, aux divers stades de la fabrication, qui récompensent pécuniairement les ouvrières les plus économes de leur bonne utilisation des matières. Des résultats très importants ont déjà été obtenus ainsi. Il y a lieu de citer en particulier le supplément de recettes s'élevant à près de 20 millions de francs par an qui a été obtenu par l'Administration grâce à un système de primes aux bonnes pesées, attribuées aux ouvrières du paquetage mécanique. Ces primes ont, en effet, eu pour résultat de réduire d'une manière extrêmement marquée le « bon poids » en excédent sur le poids théorique du paquet. Ce « bon poids » constituait un manque à gagner de 3 p. 100 environ sur le prix de vente aux consommateurs.

Les améliorations apportées à l'outillage ne seraient pas réalisées assez rapidement.

L'Administration n'obtient pas assez

Ces diverses observations sont certainement fondées et doivent être retenues. La nécessité de donner au monopole les moyens financiers de déve-

EXPOSÉ.

facilement, et au moment opportun, les crédits nécessaires aux perfectionnements et au développement de son outillage.

Le matériel en usage dans une même manufacture n'est pas uniforme et conduit à avoir plusieurs types de machines pour une même fabrication; cette diversité, sans raison majeure, du matériel dans une même manufacture est nuisible au bon rendement, cause de grosses difficultés pour l'entretien, et nécessite l'emmagasinage de nombreuses pièces de rechange, parce que différentes pour chaque machine.

La standardisation du matériel par manufacture permettrait aussi, beaucoup plus facilement, d'avoir dans chaque établissement une ou même deux machines de secours, toutes prêtes à marcher en cas d'accident.

OPINION DE LA COMMISSION.

lopper et de perfectionner son outillage est incontestable. C'est là la réforme primordiale, essentielle, à réaliser; elle sera traitée dans une autre partie du rapport.

En ce qui concerne la standardisation du matériel mécanique, le principe est certainement bon; mais, comme on l'a fait remarquer plus haut, pour les méthodes de fabrication, il ne faut pas cependant appliquer ce principe avec une rigueur théorique inflexible, et il y a lieu souvent de tenir compte des circonstances locales particulières.

En outre, il serait exagéré, et d'une prodigalité inadmissible, de réformer tout un matériel considérable et très coûteux, dès qu'apparaît une machine nouvelle un peu supérieure à celles adoptées précédemment.

On devrait rechercher la coordination des efforts techniques par l'institution de conférences périodiques des chefs de service et par la création d'un bureau central d'études techniques. Ce bureau serait chargé d'essayer les procédés et machines nouvelles, inventés ou en France ou à l'étranger, et de standardiser les méthodes reconnues avantageuses pour le Trésor, pour la qualité des produits et l'hygiène des travailleurs.

La création d'un bureau d'études techniques est hautement désirable : cette organisation serait certainement de nature à favoriser et à rendre plus rapides les progrès techniques de la Régie.

IV. *Prix de revient.*

Au cours de la 18e séance, l'Association des contrôleurs a fait observer

La Commission, en enregistrant l'observation de l'Association des Con-

EXPOSÉ.	OPINION DE LA COMMISSION.
que « pour pouvoir exercer d'une façon efficace son contrôle sur l'emploi des produits de toute nature, ainsi que sur la comptabilité, il est nécessaire que le contrôleur soit indépendant du directeur de la manufacture. Il devrait pouvoir rendre compte, directement, à un organisme de la Direction générale, par l'intermédiaire du directeur, des observations auxquelles donnerait lieu l'exercice de ses fonctions, et devrait être noté par les inspecteurs généraux. « Nous n'ignorons pas que tout service technique supporte difficilement l'exercice d'un contrôle quelconque, qu'il estime inutile parce que gênant. Ce contrôle est évidemment indispensable dans les établissements qui dépensent des sommes élevées en salaires et en fournitures. « Nous estimons que le service du contrôle réorganisé dans le sens que nous venons d'indiquer ne pourrait que donner d'excellents résultats et permettrait de réaliser des économies importantes et d'enrayer certains abus difficiles à réprimer en raison de l'organisation actuelle du monopole. »	trôleurs, ne peut qu'émettre un avis favorable à l'adoption de toute mesure qui renforcera, et rendra plus indépendant, le contrôle sur les dépenses en salaires, fournitures et matières.
Au cours de la 17ᵉ séance, l'Association amicale des agents techniques a critiqué, comme occasionnant un accroissement des frais d'exploitation, le mauvais choix des emplacements de certaines manufactures, comme celle des tabacs d'Issy-les-Moulinaux, créée en 1900, qui ne se trouve pas à proximité de la ligne de chemin de fer ou	**Ce sont là des critiques fondées. En ce qui concerne le mauvais choix de l'emplacement de certaines manufactures**, de celle d'Issy-les-**Moulineaux** par exemple, on doit reconnaître que l'Administration n'a pas joui d'une liberté complète, et que des considérations étrangères au service des tabacs ont pesé sur ses décisions.

de la Seine, ce qui eût été facile et ce qui eût permis, soit l'établissement d'un raccordement, soit l'utilisation de la voie fluviale sans qu'on ait à recourir à des charrois pénibles et coûteux.

La même Association critique que la manœuvre des wagons sur les embranchements soit faite à bras et non à l'aide de cabestans électriques, que les magasins ne soient pas dotés de ponts roulants pour la manutention et le gerbage des caisses, balles et boucauts.

Il paraît extraordinaire de maintenir à Dieppe une manufacture installée dans des bâtiments déjà très anciens en bordure même d'une plage aussi fréquentée, par conséquent sur un terrain de très grande valeur et d'ailleurs dans une situation incommode au point de vue transports.

L'Administration devrait, dans des cas analogues, opérer le plus vite possible le transfert de ses établissements sur des terrains bon marché et bien placés au point de vue de la facilité des relations avec les voies ferrées ou les ports maritimes ou fluviaux. Elle a, d'ailleurs, déjà pris des mesures de ce genre, notamment lors du transfert de la manufacture du Gros Caillou, et plus récemment lors de la reconstruction de la manufacture de Lyon.

De côtés très divers on a signalé que le personnel dirigeant et le personnel de maîtrise n'ont pas une autorité suffisante pour maintenir une stricte discipline et obtenir du personnel ouvrier un travail consciencieux et assidu. La note lue par M. Fayol, au cours de la 28ᵉ séance, insiste de la

La Commission ne peut qu'être unanime à reconnaître comme absolument nécessaire le renforcement de l'autorité à tous les degrés de la hiérarchie, et éminemment désirable l'amélioration des conditions de recrutement. La réforme profonde du règlement des mutations est indispensable,

EXPOSÉ.

manière la plus vive sur le manque d'autorité du personnel dirigeant et du directeur général.

Le règlement des mutations empêche les chefs d'établissement de désigner pour un travail déterminé les ouvriers ou ouvrières qui seraient le mieux qualifiés par leurs capacités et leur zèle.

Les représentants des ouvriers se joignent à leurs chefs pour signaler que les conditions de recrutement des ouvriers, des ouvrières et des chefs d'ateliers, sont imposées par des lois générales ayant pour objet de favoriser le recrutement de l'armée, ou d'assurer de justes réparations aux victimes de la guerre, mais ne tiennent aucun compte des nécessités industrielles. Il en résulte que les frais d'exploitation du monopole se trouvent, par voie indirecte, grevés de sujétions coûteuses.

OPINION DE LA COMMISSION.

et la Commission a confiance que le personnel lui-même ne se refusera pas à en accepter les modifications équitables, et les rectifications qu'imposent les nécessités pratiques d'une marche industrielle.

EXPOSÉ.

Au cours des 18e et 19e séances, l'Association des ingénieurs des manufactures de l'État a fait observer d'une part l'inconvénient que l'on ne puisse, en cas de malfaçons graves aux machines à cigarettes, très coûteuses et très délicates, rétrograder les ouvrières fautives, et d'autre part a attiré l'attention de la Commission sur l'exagération du taux des salaires.

OPINION DE LA COMMISSION.

La Commission estime qu'il serait tout à fait nécessaire de rapporter les instructions interdisant les punitions en cas de malfaçon; à la suite d'enquêtes sur les salaires, il a été reconnu que le personnel ouvrier des manufactures était mieux rétribué que dans l'industrie, dans une proportion allant de 33 p. 100 pour les manœuvres à 50 p. 100 pour les ouvrières.

2° OBSERVATIONS DE LA COMMISSION.

Il est indéniable que l'Administration des Tabacs a, de tout temps, manqué des crédits suffisants, et n'a pas eu la liberté d'action qui lui aurait été nécessaire pour assurer le développement de ses manufactures, et surtout pour les moderniser.

Il aurait fallu qu'elle eût la latitude de choisir les emplacements les moins coûteux, de préférence à proximité des gares de chemins de fer pour faciliter les transports, et qu'elle puisse construire des bâtiments modernes dotés de moyens de manutention appropriés à ses fabrications.

De plus, toutes les manufactures auraient dû être mises à même de profiter des progrès qui n'auraient pas manqué d'être réalisés.

Malheureusement, quelques-unes des manufactures de l'État sont fort anciennes et sont installées dans des bâtiments qui remontent jusqu'à la fin du XVIIIe siècle, Morlaix par exemple, ou dans des constructions qui n'étaient nullement destinées à leur usage industriel, comme au Havre, à Lyon, à Bordeaux.

Il est incontestable que toutes les usines, quelles qu'aient été les additions apportées aux plans primitifs et les modifications introduites depuis leur mise en service, sont arrivées à l'extrême limite de leur utilisation et ont peine à faire face au développement considérable des besoins de la consommation.

Le mal provient en partie des causes qui ont été déjà signalées au sujet des achats : restriction des crédits suivant la situation budgétaire, nécessité de ne pas dépasser les dépenses prévues pour un exercice déterminé. Mais il en existe encore d'autres telles que la mise en adjudication des travaux, et les lenteurs résultant des contrôles qui examinent les projets établis par les bureaux techniques avant leur approbation. Enfin les règles imposées en matière de travaux adjugés conduisent dans les périodes d'instabilité des prix à des conséquences déplorables.

C'est ainsi que la nouvelle manufacture de Lyon, commencée en 1912, n'est pas encore, après douze ans, en état de fonctionner. Il faut évidemment tenir compte d'une suspension des travaux pendant près de cinq ans à cause de la guerre; mais depuis la reprise des travaux, des incidents de toute nature se sont produits avec les entrepreneurs qui demandent des revisions de leurs marchés en raison des variations du prix de la main-d'œuvre et des fournitures : chacune de ces demandes doit faire l'objet d'un rapport au Ministre; les propositions sont examinées par les organismes de contrôle attachés à son Cabinet dans le sens du droit strict, et non dans un esprit de transaction tenant compte de l'intérêt primordial de terminer les travaux même au prix de certains sacrifices sur la dépense. En attendant la solution des litiges, les entrepreneurs ralentissent ou suspendent même les travaux, et les retards s'accumulent. La Régie perd ainsi, pendant des années, l'avantage qu'elle aurait à disposer d'une Manufacture bien outillée et à soulager les autres établissements où l'on n'arrive qu'avec peine à fabriquer des quantités suffisantes, où la qualité même est parfois compromise par suite de l'impossibilité, faute de locaux suffisamment vastes, de laisser s'effectuer pendant assez longtemps les maturations qui sont reconnues nécessaires.

Les différentes manufactures devraient toutes être organisées d'après des méthodes similaires de travail. L'une d'elle devrait servir de type : on devrait y concentrer pendant un certain temps tous les efforts des meilleurs techniciens des manufactures pour la perfectionner, pour supprimer les manœuvres inutiles, et pour obtenir le rendement maximum. Quand cette manufacture serait ainsi complètement mise au point, il serait certainement facile de faire dans toutes les autres l'application des mêmes mesures, de façon à avoir un fonctionnement uniforme partout, et un rendement identique.

Pour arriver à ce résultat, la création d'un laboratoire technique d'étude paraît s'imposer. Cette création pourrait exiger des crédits de l'ordre de 5,000,000 de francs, mais cette dépense serait vite compensée par les améliorations que préconiserait ce laboratoire technique, tant au point de vue des bâtiments que du matériel et des installations. Il arriverait rapidement à standardiser les moyens de production, les moyens de manutention, etc., etc.

Au fur et à mesure de l'usure des vieilles machines, ces dernières sont bien remplacées par un matériel moderne. Mais cette substitution se fait malheureusement avec trop de lenteur.

Pour permettre d'arriver à cette réorganisation générale assez rapidement (et de l'avis de la Commission le travail pourrait être fait dans un assez bref délai), il y aurait lieu de réunir, au moins une fois par trimestre, les directeurs des différents établissements pour les mettre au courant des progrès réalisés, leur faire visiter les manufactures dans lesquelles ces progrès ont été obtenus, de façon qu'ils puissent en tirer tous un enseignement profitable.

Il convient de signaler ici que l'Administration a récemment pris la mesure de constituer une Commission d'études se réunissant périodiquement à Paris, où sont appelés à siéger un certain nombre d'ingénieurs de province.

Cette mesure est un acheminement vers la proposition que fait la Commission dans le paragraphe précédent.

Des constatations faites, au cours des séances, par la Commission il paraît résulter qu'à part les mutations qui amènent quelquefois un directeur à changer de manufacture, celui-ci n'a l'occasion que très rarement d'aller dans un autre établissement que le sien, ou de prendre contact avec l'Administration centrale. Celle-ci a fait observer à la Commission que ce genre de déplacement lui paraissait difficile à prescrire fréquemment, parce que d'une part les crédits dont elle dispose pour rembourser les frais de voyage sont très limités, et que d'autre part le taux des indemnités qu'elle est autorisée à allouer est absolument insuffisant, eu égard au coût actuel de l'existence. Ces frais de déplacement, qui étaient avant la guerre de 15 francs pour les ingénieurs en chef, et de 12 francs pour les ingénieurs, ont été portés seulement à 20 francs et 17 francs depuis 1919.

Dans l'industrie privée, qui cherche non seulement à se développer, mais encore à moderniser ses moyens de production, les directeurs et ingénieurs sont fréquemment appelés à faire des voyages, tant en France qu'à l'étranger, pour se documenter sur place sur les inventions nouvelles, les procédés récemment mis en usage, et faire profiter leur propre industrie des progrès réalisés un peu partout.

3° CONCLUSIONS.

Les conclusions de la Commission, en ce qui concerne la fabrication, sont les suivantes :

1° Il est nécessaire de renforcer le contrôle de la qualité des produits confectionnés;

2° Il y a lieu d'uniformiser et de standardiser les méthodes de fabrication et les outillages, mais sans outrance, et en tenant compte des variations que les conditions locales différentes peuvent justifier;

3° La Commission émet le vœu qu'il soit créé le plus tôt possible un bureau technique d'études, ayant à sa disposition des ateliers spéciaux de fabrication, qui sera chargé de l'examen de toutes les machines et de tous les procédés nouveaux. Lorsqu'une innovation aura été adoptée, à la suite des travaux du bureau technique d'études, elle devrait être systématiquement introduite dans une manufacture qui deviendrait manufacture-type pour la fabrication en question, et dont l'exemple devrait être successivement suivi par les autres établissements;

4° Il est désirable que l'Administration accélère la transformation de son outillage, dès que l'adoption d'un appareil nouveau est décidée. A cet effet, elle doit disposer, en temps opportun, de tous les crédits nécessaires;

5° Pour favoriser l'extension de la vente des cigarettes, il est désirable que l'Administration améliore la qualité du papier à cigarettes, et utilise, même pour les cigarettes Élégantes, les papiers qu'elle emploie pour les types de luxe;

L'Administration devrait modifier ses procédés d'achat du papier à cigarettes, et faire contrôler par des agents détachés dans les usines la fabrication du papier qui lui est destiné;

6° Il est désirable que l'autorité des contrôleurs, dans les manufactures, soit renforcée;

7° La Commission constate que, même sur des questions purement techniques, les propositions de l'Administration qui doivent être soumises à l'approbation du Ministre font l'objet, de la part des services de contrôle, placés entre l'Administration et le Ministre, d'observations d'ordre technique qui, souvent, retardent les décisions à prendre.

La Commission émet le vœu que ces errements soient réformés, car il paraît difficile que des avis techniques compétents puissent être donnés au Ministre par des fonctionnaires étrangers à l'Administration;

8° La Commission émet le vœu que l'autorité des chefs soit renforcée à tous les degrés de la hiérarchie administrative;

9° La Commission constate que l'application du règlement des mutations crée à l'exploitation des établissements des entraves inadmissibles, et qu'elle ne permet pas une utilisation rationnelle des aptitudes professionnelles. En conséquence elle émet le vœu que ce règlement soit modifié après entente avec le personnel ouvrier;

10° Pour obtenir l'amélioration de la qualité des produits, la Commission estime nécessaire de rapporter les instructions qui ont supprimé toutes sanctions, en cas de malfaçons;

11° Conformément au vœu unanimement exprimé par les représentants des différentes catégories du personnel, il est nécessaire de rechercher l'amélioration des conditions de recrutement des ouvriers et des chefs d'ateliers;

12° La Commission constate que les manufactures actuelles semblent arrivées à la limite de leur production. En conséquence il deviendrait très regrettable de demander aux manufactures actuelles une production plus intensive, et il y aura lieu, en temps utile, de créer de nouveaux centres de production si les besoins de la consommation continuent à augmenter;

13° Il serait désirable que les directeurs des manufactures de province fussent convoqués périodiquement à des réunions à Paris, et qu'ils accomplissent de fréquentes missions pour se tenir au courant des progrès réalisés dans d'autres établissements que le leur. Incidemment, la Commission émet le vœu que les indemnités de mission allouées aux fonctionnaires de l'Administration soient notablement augmentées, pour que les missions n'occasionnent pas à ces fonctionnaires des charges pécuniaires, que leurs modestes traitements leur permettent difficilement de supporter.

D. ENTREPÔTS.

1° EXPOSÉ.

Dans l'organisation du Monopole, les entrepôts jouent le rôle de magasins de gros.

L'Administration des Contributions indirectes possède 355 entrepôts de tabacs fabriqués installés, d'une manière générale, au siège de chaque arrondissement. Le département de la Seine est exceptionnellement doté de 4 entrepôts, non compris les 2 bureaux de vente directe qui reçoivent directement leurs produits des manufactures.

Les entrepôts sont gérés par des fonctionnaires des Contributions indirectes. Les uns, et c'est le plus grand nombre, cumulent les fonctions d'entreposeurs avec celles de receveur principal ou de receveur particulier des Contributions indirectes. Les autres sont exclusivement entreposeurs. Il existe 322 entrepôts de la première catégorie et 33 de la seconde.

Les entreposeurs en même temps receveurs principaux ou particuliers reçoivent un traitement qui varie entre 9,000 et 14,000 fr. par an. Ce traitement est de 11,000 à 12,000 francs pour les entreposeurs spéciaux de province et de 15,000 francs pour ceux de Paris.

Au traitement s'ajoutent les frais de service pour l'entretien, le chauffage des bureaux et la rémunération des auxiliaires. Ils consistent en l'attribution d'une indemnité annuelle variant suivant l'importance des entrepôts et d'une remise proportionnelle, à taux minime, sur les ventes des tabacs de prix élevés.

Les entreposeurs reçoivent, d'autre part, à titre de supplément de traitement, pour la vente directe des tabacs de luxe aux consommateurs une remise de 1 p. 100 sur les ventes inférieures à 1 million, et de 1/2 p. 100 sur les ventes au delà; mais les ventes directes constituant une exception, la remise est, en fait, insignifiante.

Les tabacs étant livrables en entrepôts, les débitants sont dans l'obligation soit d'aller eux-mêmes chercher les produits, soit de recourir à des intermédiaires pour la livraison de leurs commandes et le transport des tabacs à leur domicile. Il en résulte pour les débitants des frais assez importants qui, dans certains cas, absorbent une bonne partie de la remise dont ils bénéficient.

Frais d'administration des entrepôts.

Les dépenses qu'entraîne le fonctionnement des entrepôts sont indiquées dans le tableau ci-joint. Elles s'élèvent pour l'année 1922 à 10,350,000 francs, étant observé d'ailleurs que, dans cette somme, se trouve compris un tiers du traitement des entreposeurs en même temps receveurs principaux ou receveurs particuliers.

Dans ce tableau, il résulte que les frais de personnel, de matériel et de transport, qui se sont élevés à 10,350,000 francs en 1922 pour une vente de 1,600,000,000 de francs, font ressortir un taux de 0 fr. 62 p. 100 du montant des ventes.

1 *bis*. EXAMEN DES PRINCIPALES CRITIQUES FORMULÉES SUR LES ENTREPÔTS.

EXPOSÉ.	OPINION DE LA COMMISSION.
Les conditions dans lesquelles s'effectuent les livraisons des entrepôts aux débitants sont peu satisfaisantes. Insuffisamment emballés, transportés sans précautions, les produits du monopole parviennent souvent dans les débits dans un état fâcheux qui provoque les plaintes de l'acheteur et a une répercussion défavorable sur la vente.	La Commission n'estime pas que cette critique soit fondée à l'égard de l'Administration. Étant donné le principe admis suivant lequel le débitant prend livraison des tabacs à l'entrepôt, c'est au débitant qu'incombe le soin de prendre pour le transport les précautions nécessaires; il appartient cependant à l'Administration d'exercer à cet égard la surveillance utile et d'exiger, le cas échéant, que le débitant soit muni de récipients (caisses, boites, sacs) assurant pendant le transport une protection suffisante des divers produits dont il se rend acquéreur.
Les entrepôts sont mal installés, les entreposeurs agissent en fonctionnaires mal renseignés et routiniers.	La question de l'aménagement n'est qu'une question de crédits, l'Administration doit disposer à cet égard de crédits moins parcimonieusement mesurés qu'à l'heure actuelle. D'une manière générale, il y aurait avantage à avoir moins d'entrepôts et que ceux-ci soient mieux organisés. Il n'y a pas de principe absolu qui doive fixer le nombre des entrepôts;

EXPOSÉ.	OPINION DE LA COMMISSION.
	il n'y a aucune raison non plus pour fixer d'après les circonscriptions administratives (chef-lieu de département ou d'arrondissement) la place des entrepôts à maintenir. Le nombre des entrepôts, leur situation ne doivent dépendre que des nécessités d'un facile approvisionnement des débits; ils sont en conséquence spécialement commandés par le tracé des voies ferrées. Dans le régime actuel, le débitant est tenu de prendre livraison à l'entrepôt. On ne peut donc soutenir que le mode de livraison soit coûteux. Un système qui consisterait à livrer les tabacs chez le débitant développerait incontestablement les ventes, mais il grèverait la gestion du monopole de dépenses importantes qui pourraient dépasser le profit tiré de l'accroissement des ventes. Le mieux qu'on puisse faire est d'inciter les entreposeurs à organiser à titre personnel et aux frais des débitants un service de livraison analogue à celui qui fonctionne déjà dans certaines villes à la satisfaction de tous.

2° OBSERVATIONS DE LA COMMISSION.

L'Administration, dans un but respectable d'économie, a cherché à diminuer le plus possible ses frais de vente. Dans ce but, comme il existait un receveur sédentaire ou un receveur principal dans toutes les localités où il devait y avoir un entrepôt, elle a confié à ces comptables la gestion de ces entrepôts.

Cette solution ne paraît pas satisfaisante. D'une part, si l'on se place au point de vue du développement des ventes du monopole, l'intérêt de l'existence d'agents ayant pour seule préoccupation la gestion de l'entrepôt apparaît comme évident. Il peut déjà être assez difficile de trouver dans un cadre de fonctionnaires ayant eu pendant toute leur carrière seulement des préoccupations d'ordre administratif ou fiscal, des agents susceptibles de devenir le bon commerçant que devrait être un entreposeur; mais il est en tous cas certain qu'on ne peut espérer développer chez les agents nommés à ces emplois, le goût et le sens de leur nouveau métier que s'ils peuvent s'y consacrer exclusivement.

D'autre part, l'argument d'économie présenté par l'Administration ne semble pas du tout convaincant. Il n'aurait quelque poids que s'il apparaissait à la Commission qu'il est nécessaire de maintenir un entrepôt dans chaque sous-préfecture; il serait évidemment dans ce cas tout à fait abusif d'entretenir un fonctionnaire pour la seule gestion d'un entrepôt dont la gestion n'exige qu'un faible travail, et on concevrait alors le cumul des deux emplois de receveur sédentaire et de receveur entreposeur. Mais la commission estime que le maintien en 1925 d'entrepôts de médiocre importance est une lourde erreur au point de vue commercial; la régularité des livraisons des manufactures, le rapide écoulement des stocks, la variété des approvisionnements ne peuvent être assurés que grâce à l'existence d'entrepôts importants desservant une région aussi vaste que peut le permettre la nécessité de rapports faciles entre l'entrepôt et les débitants. A cet égard, il apparaît immédiatement et *a priori* qu'une organisation territoriale de la vente conçue il y a un siècle et basée sur les facilités de transport qui existaient alors ne peut plus correspondre aux nécessités actuelles. La Commission estime donc que l'Administration doit tendre à la séparation des emplois d'entreposeurs et des emplois de comptables; elle est d'avis que cette réforme peut et doit se faire sans entraîner de charges supplémentaires pour l'Etat, grâce à la suppression progressive des petits entrepôts dont la disparition permettra par ailleurs des réductions d'effectif du fait du regroupement qui pourrait être alors effectué dans les cadres des comptables de l'Administration des Contributions indirectes.

Un personnel spécialisé n'assurera commercialement la gestion des entrepôts que dans la mesure où il y trouvera un avantage pécuniaire Il y a donc lieu, de l'avis de la Commission, d'envisager la rémunération des entreposeurs par un jeu souple de remises et de primes calculées de manière à intéresser les agents au développement des ventes en général et des ventes de tel ou tel produit en particulier.

La question des locaux n'est pas moins importante que celle du personnel. Les solutions actuelles de l'Administration basées sur la recherche de l'économie à tout prix ne peuvent être maintenues. Les locaux sont trop fréquemment incommodes, mal agencés, mal distribués; ils devraient être organisés suivant des principes identiques, dictés par les nécessités de la bonne conservation des produits, de leur manutention facile, de la présentation élégante et harmonieuse des produits de luxe aux débitants.

De grands progrès sont à réaliser dans cet ordre d'idées; un exemple de ce qui peut être fait existe du reste à Paris; c'est l'entrepôt de la rue Claude-Bernard qui devrait servir de type à l'organisation de tous les entrepôts d'État.

3° CONCLUSIONS.

1° Il est indispensable d'améliorer les installations des entrepôts, et de les doter d'un matériel appartenant à l'État et présentant toutes les commodités désirables.

2° Les conditions matérielles d'emballage dans lesquelles les livraisons sont effectuées aux détaillants devraient être modifiées : l'absence de précautions avec laquelle ces livraisons sont effectuées actuellement nuisent au bon état des produits offerts au public.

3° Il y a lieu, en supprimant progressivement les petits entrepôts, de poursuivre, aussi loin que possible, le dédoublement des emplois de receveurs des Contributions indirectes et d'entreposeurs; ces derniers devraient être spécialisés. Un manuel devrait être rédigé qui donnerait aux entreposeurs nouvellement nommés les renseignements et les recommandations nécessaires pour qu'ils s'acquittent de leurs fonctions avec le soin désirable.

4° L'organisation par les entreposeurs de la livraison aux débitants devra être encouragée à l'exemple de ce qui a été fait déjà notamment dans le département de l'Aisne.

5° Pour développer l'esprit d'initiative des entreposeurs, il y a lieu de leur allouer des primes de gestion bien combinées pour récompenser les efforts qu'ils auront pu faire en vue d'augmenter le chiffre d'affaires de leurs entrepôts.

E. LA VENTE.

1° EXPOSÉ.

La vente aux consommateurs des produits du monopole, aux prix fixés par les lois et règlements, est assurée par des bureaux concédés par le Ministre ou par le Préfet, et exploités soit par les titulaires eux-mêmes, soit par des gérants. Ces bureaux s'approvisionnent à l'entrepôt qui leur est désigné où ils sont tenus de prendre ou de faire prendre livraison des produits. Ils paient comptant la valeur de leurs achats, sous déduction d'une remise de 8 p. 100 au moyen de laquelle ils doivent faire face à tous les frais d'exploitation.

Le nombre des bureaux de vente existant en 1922 était de 47,402.

Il est en principe créé un débit de tabac dans toutes les communes où il n'en existe pas. Dans celles où un bureau fonctionne déjà, de même que dans les villes, de nouveaux comptoirs sont ouverts chaque fois que l'intérêt du Monopole ou des consommateurs l'exige.

Au point de vue administratif seulement, on distingue deux catégories de débits : les bureaux de tabacs simples et les bureaux de tabacs annexés aux recettes buralistes.

a. **Bureaux de tabacs simples.** — Ces bureaux de tabacs sont répartis en deux catégories : les bureaux de première classe, c'est-à-dire ceux dont le bénéfice brut est supérieur à 1.000 francs (différence entre le montant des prix d'achat à l'entrepôt et le montant des prix de vente aux consommateurs). Ils sont accordés par le Ministre aux veuves ou aux enfants d'officiers et aux veuves ou aux enfants de fonctionnaires civils ayant eu une situation assimilée à celle des officiers.

Les bureaux de deuxième classe sont réservés à l'heure actuelle aux veuves ou aux enfants de sous-officiers et aux veuves ou aux enfants de fonctionnaires civils subalternes. Ces bureaux sont attribués par le Préfet.

Les bureaux de tabacs sont gérés par les titulaires ou par des gérants.

b. **Débits annexes à des recettes buralistes.** — Ces débits sont un des éléments de rémunération des receveurs buralistes, agents secondaires des contributions indirectes. Ces agents peuvent gérer eux-mêmes leur débit, mais ils peuvent être dispensés de cette obligation pour motifs personnels justifiés, ou dans l'intérêt du service. L'administration procède alors directement à la mise en gérance du débit.

c. **Rémunération.** — Tout titulaire de bureau, nommé par le Préfet, se trouve limité à un bénéfice brut maximum de 1,000 francs. Si le débit, par suite de sa prospérité accuse un bénéfice supérieur à 1,000 francs, le titulaire, considéré pour le surplus comme un gérant, doit reverser 25 à 35 p. 100 du produit au-dessus de 1,000 francs; ce dernier pourcentage étant laissé à l'appréciation des directeurs départementaux. Le bénéfice du titulaire qui ne gère pas est limité à 500 francs.

Tout titulaire d'un bureau de première classe est nommé pour une redevance déterminée ou une part de redevance fixe, établie par le Ministre. Il ne touche jamais plus s'il ne gère pas lui-même, même dans le cas où le bureau qui lui est affecté rapporte davantage, ceci bien entendu sauf décision contraire du Ministre. Les excédents de redevances ou de parts de redevances sont mis, le cas échéant, à la disposition du Ministre qui peut les attribuer à d'autres titulaires; sinon, ils tombent dans les fonds des redevances disponibles et finalement reviennent au budget.

Dans le cas de gérance personnelle par le bénéficiaire d'un bureau de tabac de ce genre, le titulaire touche intégralement la part de bénéfice déterminée par l'acte d'attribution du Ministre, et au-dessus de cette part, le titulaire, considéré comme un gérant, verse au Trésor 25 à 35 p. 100 de l'excédent réalisé par lui.

La situation est la même pour les receveurs buralistes.

d. **Gérants.** — Lorsque le bureau est géré, non par le titulaire, mais par un gérant, la remise de 8 p. 100 calculée sur le montant des factures à l'entrepôt, prime allouée au vendeur de tabac, est divisée en deux parties. Ce gérant doit reverser au titulaire 25, 30 ou 35 p. 100 des bénéfices bruts qu'il réalise sur son bureau et conserve pour lui la différence, soit 75, 70 ou 65 p. 100.

Les gérants étaient antérieurement choisis par les titulaires. Il en résultait des marchandages que l'Administration des contributions indirectes n'a pas laissé continuer. Elle passe elle-même directement des baux avec les gérants.

e. **Adjudications.** — Pour les débits fermés pour une cause quelconque et réouverts, ainsi que pour les nouveaux débits, la gérance, sauf dans quelques cas exceptionnels, est mise en adjudication.

Cette adjudication est actuellement faite pour les six premières années, la mise à prix étant basée sur l'importance présumée du nouveau comptoir de ventes; toutefois la redevance à verser annuellement par le gérant ne doit pas être inférieure aux 35 p. 100 du montant des produits bruts.

L'adjudication est faite pour six ans, étant entendu qu'il y aura lieu à réadjudication au cas où l'adjudicataire voudrait céder ses droits au cours de ladite période.

À l'expiration des six années, un traité direct interviendra entre l'Administration et l'adjudicataire pour une période de trois, six, neuf ans avec fixation d'une redevance fixe basée sur l'importance des bénéfices réalisés pendant les trois dernières années, cette redevance ne devant pas toutefois être inférieure aux 35 p. 100 du montant annuel des produits bruts.

Exemple :

Un débit créé ou réouvert est supposé devoir produire 10.000 francs environ. Le cahier des charges pourra prévoir par exemple une redevance fixe de 3,500 francs. La gérance sera adjugée à celui qui offrira la redevance fixe la plus élevée au-dessus de 3,500 francs.

Bureaux de vente directe.

Les deux bureaux de vente directe de Paris qui reçoivent les tabacs des manufactures dans les mêmes conditions que les entrepôts, livrent directement aux consommateurs :

1° Les tabacs de luxe de toutes espèces, en coffrets, boîtes ou paquets ;

2° Les tabacs de vente courante en coffrets, boîtes ou paquets et par quantités d'au moins 100 grammes pour les cigares et les cigarettes et 500 grammes pour les autres espèces.

Installés, comme les entrepôts, dans des locaux loués par l'Administration, ces bureaux sont gérés par des préposés choisis et nommés par le Ministre et rétribués au moyen de remises proportionnelles leur garantissant un traitement minimum net de 10,000 francs par an (maximum net : 20,000 francs).

Indépendamment des remises qui leur sont allouées, à titre de rétribution, les préposés à la vente directe, de même que les entreposeurs, touchent des frais de service pour rémunérer leur personnel.

Vente pour l'exportation.

La Régie est autorisée à livrer à l'exportation des tabacs fabriqués à des prix inférieurs à ceux fixés pour la vente en France. Ces prix sont déterminés par le Ministre des finances.

Les tabacs destinés à l'exportation sont livrés, soit directement par les manufactures, soit par les entrepôts, mais dans l'un comme dans l'autre cas, les livraisons n'ont lieu qu'après encaissement de la valeur des produits par les entreposeurs des contributions indirectes.

En vue de faciliter la vente des produits du monopole à l'étranger, des agences spéciales ont été créées dans plusieurs pays.

Aux termes de l'arrêté ministériel du 30 décembre 1901, réglementant ces agences, des tarifs spéciaux peuvent être prévus pour les produits livrés aux concessionnaires qui jouissent du monopole de l'approvisionnement en tabacs de l'État français, des consommateurs des pays où ils sont accrédités. Par contre, ces concessionnaires sont tenus à certaines obligations, notamment celle de faire approuver leurs tarifs de vente par l'Administration des manufactures de l'État, et de faire à leurs frais, en faveur des produits du monopole français, de la publicité sous forme d'avis dans les journaux, placards, etc.

1 *bis*. EXAMEN DES PRINCIPALES CRITIQUES FORMULÉES SUR « LA VENTE ».

EXPOSÉ.	OPINION DE LA COMMISSION.
Les services de fabrication ne peuvent prévoir les goûts des consommateurs avec lesquels ils ne sont jamais en contact. Entre le producteur et le consommateur, il y a une cloison étanche, en l'espèce un service purement fiscal, les contributions indirectes, surchargé de préoccupations et de tâches multiples, nullement préparé au surplus pour assurer la bonne exécution d'opérations commerciales.	Les critiques faites dans l'exposé ci-contre paraissent tout à fait fondées, et la Commission estime que le souci d'économie qui a guidé dans l'organisation du système de vente lui paraît présenter plus d'inconvénients que d'avantages et qu'il conviendrait de faire dépendre la vente de la même direction générale que la fabrication. La Commission est d'ailleurs d'avis d'adopter les mesures qui sont exposées en détail à l'article E 2.
Le détaillant n'est, la plupart du temps, qu'un débitant de boissons pour lequel la vente des tabacs constitue un accessoire à faible rendement de son principal commerce. Il ne fait, par suite, pas d'efforts pour présenter la marchandise d'une manière attrayante, pour en accroître la consommation et pour satisfaire des catégories variées d'acheteurs.	
La vente au comptant empêche les débitants, surtout ceux des campagnes, de s'approvisionner de produits dont la vente n'est pas courante.	

EXPOSÉ.	OPINION DE LA COMMISSION.
Les contrats passés par l'Administration avec les gérants de débits de tabacs sont conçus de telle manière que les gérants n'ont aucune raison de pousser à la vente des produits.	
Les débitants se faisant approvisionner par des commissionnaires n'ont aucune relation avec les entreposeurs.	
Les bureaux de vente ne font pas de réclame. Ils sont mal agencés. Les produits y sont rangés sans ordre ni méthode. Le voisinage immédiat du comptoir de boissons nuit à la vente.	

2° OBSERVATIONS DE LA COMMISSION.

Le système dit « des bureaux de tabac », suivant lequel on donne à la veuve d'un fonctionnaire, ou à une personne ayant besoin d'un secours, le droit de vendre les produits du monopole et de recueillir le bénéfice de ce commerce, est indéfendable. Il revient à proclamer, implicitement, qu'aucune aptitude commerciale n'est nécessaire pour gérer un débit, et que l'État dans la situation financière actuelle peut accepter les « manques à gagner » résultant d'une insuffisante préparation technique de ses vendeurs. Il est vrai qu'en fait, l'institution du « bureau de tabac » a évolué. Actuellement, dans l'immense majorité des cas, le titulaire du bureau ne gère pas lui-même, mais se borne à encaisser une redevance qui lui est payée par le gérant. Cette pratique est certainement favorable aux intérêts du Trésor, mais elle consacre la condamnation du système. Si l'État, dans la réalité des faits, n'accorde, quand il donne « un bureau de tabac », rien autre chose qu'une somme d'argent, il convient de faire disparaître cette fiction, d'encaisser au compte du Trésor les redevances versées par le gérant, et de prévoir au budget les crédits de secours nécessaires. Cette solution serait plus claire, plus conforme aux principes de notre droit financier, et beaucoup plus simple dans son application. Si on voulait cependant maintenir le régime actuel, du moins devrait-on abandonner les errements suivant lesquels on nomme une veuve « titulaire pour une part » d'un bureau de tabac qu'elle ne verra jamais, et pour lequel elle reçoit « une commission » sur timbre pour exercer un commerce auquel elle demeurera toujours étrangère. L'ensemble des redevances des gérants devrait constituer un fonds commun sur lequel s'imputeraient, sans spécialisation par débit, les allocations accordées par le Ministre.

Les remises des débitants de tabac allaient autrefois de 7 à 12 p. 100 suivant les variétés; elles ont été ramenées uniformément à 8 p. 100. La Commission n'estime pas que cette mesure, justifiée par des considérations de simplicité comptables, soit conforme aux intérêts du Trésor. Si le taux de 8 p. 100 peut être considéré comme suffisant pour les produits communs, de vente courante, et notamment pour les produits dont le taux est fixé par la loi, il y aurait certainement avantage à intéresser les débitants par une remise plus forte à la vente des produits de luxe et à la diffusion dans le public des produits sur lesquels le Monopole réalise des bénéfices particulièrement importants. D'autre part, les redevances exigées des gérants devraient toujours être calculées dans des conditions telles que le gérant soit intéressé au développement de son chiffre d'affaires. C'est parfois le contraire qui se produit dans le régime actuel où la crainte de voir le gérant réaliser des bénéfices exagérés parait, par une conception plus administrative que commerciale, l'emporter parfois sur le désir de voir développer les ventes. En échange de ce relèvement, cette mesure permettrait à l'État :

1° D'obliger les débitants à avoir toujours un stock minimum, et une vitrine ou devanture de dimension minimum, présentée et tenue selon un type standard imposé;

2° D'avoir un inspecteur chargé de s'assurer du respect de toutes ces obligations;

3° De supprimer les bureaux à tous les tenanciers qui n'auraient pas tenu leurs engagements, tant au point de vue de la constitution du stock minimum que de la vitrine imposée.

La Commission estime qu'il y a intérêt, étant donné l'extrême économie qui résulte du système, à maintenir le principe que la vente du tabac ne doit pas être libre. Mais elle estime que ce principe ne doit pas faire obstacle à une modification des conditions actuelles de vente. Dans la plupart des cas, les débits de tabac sont accolés à des débits de boissons, ce qui est favorable à certains égards à la vente des produits du Monopole; ces errements écartent cependant des comptoirs de vente toute une clientèle qui tend à devenir chaque jour plus intéressante, la clientèle féminine. Il est parfaitement ridicule qu'à l'heure actuelle une femme doive pour acheter des cigarettes entrer chez le marchand de vins; il devrait exister des marchands de tabac spécialisés dans ce commerce, et il serait tout à fait indiqué d'utiliser, pour le développement des ventes, le puissant organe d'attraction que constituent de nos jours les grands magasins de nouveautés.

Vente de tabac étranger, cigares ou cigarettes, dans les débits. — La vente des tabacs étrangers, quoique ne représentant pas dans l'ensemble une somme considérable, peut cependant être considérée, à certains points de vue, dans les circonstances actuelles, comme préjudiciable aux intérêts généraux de l'État.

Bien que le bénéfice de la Régie sur la vente des tabacs étrangers soit notablement plus élevé que sur la vente des tabacs français, on doit rechercher dans un but d'intérêt général à restreindre les importations.

Cette vente se développe et peut se développer de plus en plus, car les représentants de ces différentes marques font, en dehors d'une publicité intensive : annonces dans les journaux, affiches lumineuses, etc. des ristournes spéciales aux buralistes.

L'État devrait interdire à tous les débitants de tabac de favoriser, par l'exposition exclusive dans leurs vitrines, la vente des tabacs exotiques. Que la vente de ces tabacs soit autorisée, rien de plus juste, mais qu'on ne leur fasse pas une place privilégiée par rapport aux tabacs nationaux. On devrait tout au moins exiger que, soit dans les devantures, soit dans les affiches-réclames, il y ait part égale pour les tabacs nationaux.

Une constatation regrettable peut être faite en voyage : c'est que très souvent dans les voitures de la Compagnie des wagons-lits, wagons-restaurants et sleeping-cars, il est difficile de se procurer des tabacs français. Il en est de même dans les paquebots des grandes Compagnies de Navigation.

L'État devrait user de l'influence dont il peut disposer sur ces Compagnies pour les amener à traiter au moins les produits français sur un pied d'égalité.

Les grands restaurants parisiens ne proposent guère à leur clientèle que des tabacs étrangers. Cependant la vente de ces produits par leur personnel résulte seulement d'une tolérance. On pourrait les menacer de la leur retirer s'ils continuaient à frapper d'ostracisme les produits français.

Publicité. — Alors qu'il est d'une évidence absolue que tout produit commercial, pour se vendre, a besoin actuellement de publicité, on peut constater que, pour les tabacs, il n'en est fait presque aucune. La Commission reconnaît la différence entre la publicité que doit faire un commerçant ou un industriel soumis à la concurrence, et celle qui concerne un commerce monopolisé, dont le seul but est d'augmenter la consommation totale ou de la faire porter sur certaines espèces plus avantageuses, plutôt que sur d'autres, sans avoir à lutter avec un concurrent susceptible de lui prendre une partie de sa clientèle. Néanmoins, l'effort de publicité fait par le Monopole est tout à fait insuffisant. Il y aurait lieu de consacrer à la publicité un certain pourcentage du chiffre d'affaires et celui-ci s'augmenterait certainement dans des proportions très intéressantes.

Un des modes de publicité à envisager consisterait dans la création d'un organe officiel hebdomadaire ou mensuel qui serait envoyé à tous les entreposeurs et débitants de tabac, les tiendrait en haleine, leur indiquerait les méthodes de vente, les dispositions à prendre pour la présentation de leur vitrine et les mettrait au courant de tous les nouveaux produits fabriqués. Les frais de cette publication pourraient d'ailleurs être couverts par la publicité qu'elle ferait en faveur d'autres produits que ceux du Monopole, pour les articles de fumeurs en particulier.

3° CONCLUSIONS.

1° La bonne organisation du Monopole exige que le service des ventes soit réuni au service de fabrication.

2° Le régime dit « des bureaux de tabac » devrait être supprimé et remplacé par la mise à la disposition du Ministre d'un crédit destiné à assurer aux bénéficiaires actuels ou éventuels des bureaux de tabac les ressources pécuniaires que la concession toute nominale de ces bureaux leur procure.

3° Le taux des remises aux débitants devrait être modifié. Il sera sans doute opportun de revenir à des taux de remise plus élevés, pour les produits dont la vente est plus avantageuse pour le Monopole, et qui seraient différents des taux de remise alloués pour les produits courants : poudres, rôles, caporal ordinaire.

4° Les débitants devraient être soumis à l'obligation de posséder un stock minimum de produits, et d'exposer des spécimens de divers produits dans une vitrine dont les dimensions et la disposition seraient imposées par l'Administration. Une inspection spéciale des débits serait chargée de contrôler la bonne exécution de ces obligations.

5° Il est désirable d'augmenter le nombre des débits de tabac spéciaux, qui soient distincts d'un débit de boissons. Une augmentation intéressante des recettes du Monopole serait certainement obtenue si on reprenait et généralisait l'essai fait pendant quelques mois d'autoriser la vente de cigarettes de luxe dans les grands magasins.

6° Les conditions de vente des produits étrangers dans les débits, les formes de réclames utilisées pour appeler l'attention sur ces produits, devraient être étroitement réglementées. A ce dernier point de vue, les produits nationaux devraient bénéficier de moyens de réclame au moins égaux.

7° L'Administration devrait agir avec insistance auprès des Compagnies de chemins de fer et de navigation, pour que les produits français soient offerts dans les wagons-restaurants ou sur les paquebots.

8° La publicité pour les produits du Monopole devrait être largement développée.

9° Il y aurait lieu de créer un organe officiel des tabacs, périodique qui serait largement répandu dans le public, et notamment adressé à tous les débitants.

F. PAYEMENT, RECRUTEMENT, FORMATION DU PERSONNEL.

1° EXPOSÉ.

La nomenclature des grades, les effectifs et les appointements du personnel des manufactures de l'État sont indiqués au tableau F I.

Le recrutement des agents de différents grades et les règles de leur avancement sont les suivants :

I. *Administration centrale.*

Le Directeur général est nommé par décret rendu sur la proposition du Ministre des finances; il est pris soit dans le cadre des ingénieurs des manufactures de l'État, soit en dehors.

Les inspecteurs généraux sont pris au choix parmi les ingénieurs en chef des manufactures de l'État.

Les chefs et sous-chefs de bureaux du cadre des ingénieurs sont pris, suivant leur grade, parmi les ingénieurs en chef ou les ingénieurs des services extérieurs.

Les chefs et sous-chefs de bureau du cadre de la comptabilité sont pris suivant leur grade, parmi les contrôleurs des manufactures, ou employés commissionnés du cadre de la comptabilité des services extérieurs.

Les chefs et sous-chefs de bureaux du cadre de la culture sont pris parmi les entreposeurs, contrôleurs principaux ou contrôleurs du service de la culture.

Les rédacteurs du cadre de la comptabilité ou rédacteurs du cadre de la culture proviennent des employés commissionnés du cadre de la comptabilité des manufactures ou des contrôleurs adjoints de culture.

Bien que tous les fonctionnaires de l'administration centrale soient de la même origine que ceux des services extérieurs des manufactures ou du service de la culture, et bien qu'il existe une correspondance de grades dans les deux cadres, le cadre budgétaire et le tableau d'avancement de l'administration centrale sont complètement séparés du cadre des services extérieurs des manufactures ou du service de la culture. Les fonctionnaires de l'administration centrale peuvent d'ailleurs retourner dans les services extérieurs ou dans le service de la culture.

II. *Services extérieurs des Manufactures.*

Les ingénieurs en chef sont recrutés parmi les ingénieurs de première classe et au choix ; leurs avancements de classe sont donnés uniquement à l'ancienneté. Les ingénieurs proviennent en principe de l'École Polytechnique ; ils sont désignés par la direction de cette école à la suite des examens de sortie. Ils entrent dans l'administration des manufactures de l'État comme élèves ingénieurs et suivent en cette qualité les cours de l'École d'application des manufactures de l'État où ils sont initiés au service spécial des manufactures de tabacs ou d'allumettes, et apprennent en même temps les connaissances d'ordre général nécessaires à des ingénieurs qui seront chargés de projets de constructions de bâtiments et de l'entretien de ces bâtiments, ainsi que de projets et d'entretien d'installations mécaniques.

Les cours d'ordre général qui leur sont faits à l'École d'application sont orientés spécialement dans le sens où ils auront à être utilisés dans les manufactures de l'État.

L'avancement de classe des ingénieurs a lieu partie au choix, partie à l'ancienneté.

En dehors de ce recrutement normal, le grade d'ingénieur peut être obtenu par les agents techniques du cadre secondaire à la suite d'un examen spécial. Il n'y a jamais eu que deux de ces agents à passer dans le cadre des ingénieurs, et depuis longtemps aucun d'eux ne se présente plus à cet examen.

Personnel de la Comptabilité. — Les contrôleurs de manufactures sont recrutés au choix parmi les rédacteurs principaux, premiers commis de manufactures. Les rédacteurs principaux, premiers commis de manufactures, sont également recrutés au choix parmi les rédacteurs principaux et les rédacteurs du cadre de la comptabilité. Les rédacteurs du cadre de la comptabilité sont recrutés par un concours direct ouvert à tous les jeunes gens qui possèdent un diplôme de baccalauréat de l'enseignement secondaire. Un certain nombre de postes vacants est réservé en principe par priorité aux réformés de guerre et qui passent avec succès le même examen. En pratique, aucun de ces réformés n'est entré dans le cadre de la comptabilité.

En dehors de ce recrutement normal, les agents de la fabrication du cadre secondaire peuvent passer dans le cadre des rédacteurs à la suite d'un examen d'un niveau un peu moins élevé au point de vue de l'instruction générale que celui qui est imposé pour le recrutement direct. Un assez grand nombre de ces agents est ainsi passé dans le cadre des rédacteurs du service de la comptabilité.

Les avancements de classe du personnel de la comptabilité sont donnés partie au choix, partie à l'ancienneté.

Dès leurs premières années de service, les rédacteurs suivent, à l'École d'application, les cours de comptabilité et d'administration, de fabrication des tabacs et des allumettes, professés aux élèves ingénieurs.

Agents techniques du cadre secondaire. — Ils sont recrutés par un examen professionnel ouvert à tout le monde, à la suite duquel ils sont employés à l'essai, soit au service central des constructions, soit dans les manufactures. A la suite de ces essais, ils passent des examens théoriques et pratiques et entrent définitivement, en cas de succès, dans le cadre des agents techniques. Ils avancent partie au choix et partie à l'ancienneté.

Agents de la fabrication du cadre secondaire. — Ces agents comprennent les chefs d'ateliers hommes ou dames. Tous les postes de chefs d'ateliers hommes sont réservés en principe, soit à des réformés de guerre, soit à des sous-officiers rengagés, qui doivent subir avec succès un examen de connaissances générales élémentaires. Les sujets de compositions pour cet examen sont donnés par la direction générale des manufactures de l'État, mais la correction de celles-ci est effectuée, et les décisions au sujet de l'admission sont prises, par une commission où l'Administration est représentée le plus souvent par un seul membre, dont l'opinion n'est pas prépondérante. L'admission est ainsi prononcée en fait par des personnes qui ne sont pas au courant du service des manufactures et des conditions que doivent remplir les candidats, qui désirent y être employés.

En cas d'insuffisance de candidats, les postes vacants peuvent être donnés soit à des ouvriers, soit à des candidats du dehors, qui passent avec succès le même examen.

Les postes de chefs d'ateliers dames sont réservés dans la proportion de 25 p. 100 aux veuves de guerre qui subissent avec succès un examen d'instruction générale primaire.

Les autres postes sont réservés en principe à des ouvrières des manufactures, désignées au choix, et employées pendant quelque temps à titre de surveillantes auxiliaires, et qui ont subi avec succès un examen d'instruction générale primaire avec une épreuve professionnelle de comptabilité.

En cas d'insuffisance de ces deux modes de recrutement, les postes vacants peuvent être donnés à des candidates du dehors qui passent avec succès le même examen.

L'avancement des agents de la fabrication du cadre secondaire a lieu, partie au choix, et partie à l'ancienneté.

Personnel ouvrier. — Tous les postes d'ouvriers (hommes) sont réservés en principe soit aux réformés de guerre, soit aux anciens militaires rengagés qui subissent avec succès un examen préliminaire. Cet examen varie suivant la spécialité de l'ouvrier (cadre technique : ajusteurs, tourneurs, conducteurs de machines, électriciens, menuisiers, etc. ou ouvriers du cadre de la fabrication). A défaut de candidats remplissant les conditions voulues, les ouvriers sont recrutés au dehors sur une liste de demandes d'emploi et à la suite d'examens identiques à ceux qui sont imposés aux candidats privilégiés.

Les postes d'ouvrières sont réservés à raison de 75 p. 100 aux veuves de guerre. Les autres postes sont attribués à des candidates du dehors, suivant des règles variables selon les manufactures et généralement avec un privilège en faveur des candidates apparentées au personnel déjà en service dans les manufactures.

Il n'existe pas, pour le personnel ouvrier, d'avancement proprement dit, sauf pour les ouvriers du cadre technique. Les salaires sont les mêmes suivant les travaux exécutés, quelle que soit l'ancienneté du personnel. Mais les changements de postes sont attribués en principe d'après la règle dite de l'ancienneté. Quand un poste est vacant, il est offert à l'ensemble du personnel et c'est le candidat le plus ancien qui l'obtient. Il ne peut être privé de ce droit que s'il se montre incapable de remplir convenablement son nouveau poste. Toutefois, l'application de la règle de l'ancienneté est soumise à des modalités particulières pour l'attribution de certains postes, notamment dans les confections de cigares. En principe, il existe une hiérarchie entre ces confections et l'on ne peut passer à la confection supérieure qu'après avoir été employé dans la confection immédiatement inférieure.

Les ouvriers du cadre technique reçoivent des améliorations de salaires d'après leur ancienneté, à la condition de n'avoir pas démérité.

Culture.

Les directeurs des services de la culture sont pris parmi les inspecteurs; leur désignation a lieu au choix. Les inspecteurs sont pris également au choix parmi les entreposeurs principaux ou entreposeurs. Les entreposeurs sont désignés au choix parmi les contrôleurs principaux. Les contrôleurs principaux sont pris également au choix parmi les contrôleurs. De même, les contrôleurs sont pris, au choix, parmi les contrôleurs adjoints.

Les contrôleurs, pendant leurs premières années de service, ont le grade de contrôleurs adjoints et ces derniers sont recrutés à la suite d'un examen direct ouvert aux jeunes gens qui possèdent un diplôme de bachelier de l'enseignement secondaire.

Quelques postes de contrôleurs adjoints sont réservés par priorité à des réformés de guerre. Aucun d'eux ne s'est présenté jusqu'ici à l'examen spécial qui leur permettrait de profiter de ce privilège.

En outre, l'accès au grade de contrôleur adjoint est ouvert, après un examen, comportant à la fois des épreuves professionnelles et des épreuves d'instruction primaire supérieure, aux agents du cadre des vérificateurs de culture.

Dès leurs premières années de service, les contrôleurs adjoints de culture suivent des cours à l'école d'application. Ces cours ont pour but de leur donner l'instruction théorique et pratique dont ils auront besoin dans leurs fonctions. Ils comprennent entre autres des leçons de chimie analytique et de chimie agricole, des notions sommaires sur l'entretien des bâtiments, des appareils mécaniques, un court abrégé de fabrication des tabacs, et des cours détaillés sur le service de la culture, au point de vue administratif et au point de vue technique.

A. Tous les postes de vérificateurs de culture sont réservés, en principe, soit à des réformés de guerre, soit à des sous-officiers rengagés, qui doivent subir avec succès un examen de connaissances générales élémentaires.

Dans les magasins de la culture sont employés des chefs d'atelier hommes, dont le recrutement et le mode d'avancement est identique à celui des chefs d'atelier des manufactures.

B. Les avancements de classe, dans tous les grades du personnel de la culture, sont donnés, partie au choix, partie à l'ancienneté.

Associations du Personnel et Organisations syndicales.

Les ingénieurs en chef et ingénieurs forment une Association intitulée « Association des Ingénieurs des Manufactures de l'État ». De même les contrôleurs et rédacteurs des manufactures d'une part, et les agents commissionnés du service de la culture et des magasins d'autre part, forment, pour chaque catégorie, une association distincte.

Les agents techniques du cadre secondaire ont formé l'Association amicale des agents techniques des manufactures de l'État; et les agents de la fabrication du cadre secondaire une autre association nommée « Union des Chefs d'atelier des Manufactures de l'État ». Cette dernière se transforme actuellement en deux unions syndicales à tendances politiques opposées.

Les délégués de ces diverses associations sont reçus officiellement par les chefs de service et la Direction générale des Manufactures de l'État quand ils ont à lui soumettre des réclamations et des vœux.

Les ouvriers et ouvrières des manufactures de l'État forment, dans chaque établissement, un ou plusieurs syndicats constitués conformément à la loi de 1884. Ces syndicats sont groupés en trois fédérations qui sont : la Fédération nationale des ouvriers et ouvrières des Manufactures de tabacs de France, l'Union des Syndicats des tabacs de la Seine et la Fédération nationale unitaire des tabacs.

Ces différentes organisations ouvrières sont reçues officiellement par les employés supérieurs des manufactures et par le Directeur général.

Lorsque l'une de ces organisations ouvrières formule une réclamation contre une mesure prescrite dans un établissement et relative, soit à la discipline, soit aux bases de salaires, soit à l'organisation du travail, la réclamation a un effet suspensif, et, sauf le cas d'urgence absolue, on doit surseoir à l'exécution de la mesure qui a soulevé la réclamation. Cette dernière est alors soumise à la Direction générale et si l'accord n'est pas encore établi à la suite de la décision de la Direction générale, la réclamation peut être portée devant le Ministre qui tranche en dernier ressort.

1 *bis*. EXAMEN DES PRINCIPALES CRITIQUES FORMULÉES SUR LE PAYEMENT, LE RECRUTEMENT ET LA FORMATION DU PERSONNEL.

EXPOSÉ.

La séparation en deux tableaux et en deux cadres budgétaires des fonctionnaires de l'Administration centrale et de ceux du grade correspondant des services extérieurs des manufactures et du service de la culture crée des complications souvent inextricables dans les mutations des agents. Il peut être impossible d'employer à l'Administration centrale un agent que ses aptitudes rendraient particulièrement propre à cet emploi, parce que la rigidité du cadre de l'Administration centrale ne permet pas de l'y faire rentrer, et l'on peut être obligé de mettre à sa place, malgré lui,

OPINION DE LA COMMISSION.

Cette critique est absolument fondée; la dualité des cadres ne présente que des inconvénients. Il suffirait d'un déplacement de crédits d'un chapitre à un autre du budget général pour éviter les difficultés signalées, sans qu'il en résulte un excédent de dépense quelconque.

EXPOSÉ.

un employé répondant moins bien aux conditions requises et qui rendrait plus de services dans un autre emploi.

Le nombre des techniciens : ingénieurs ou agents du cadre secondaire est tout à fait insuffisant.

Le cadre budgétaire est trop restreint en lui-même par suite de l'augmentation continuelle de l'importance des fabrications et de l'accroissement des moyens mécaniques employés dans les manufactures.

OPINION DE LA COMMISSION.

Cette critique est d'autant plus fondée que le cadre budgétaire, insuffisant en lui-même, ne peut même pas être rempli par suite des difficultés du recrutement ou des départs des agents en service. La cause des difficultés de recrutement et des départs réside à peu près uniquement dans l'insuffisance des traitements qui sont alloués aux agents techniques de tous grades.

Cette insuffisance tient, comme il a été déjà signalé, à l'assimilation qui a été faite, au point de vue du traitement, entre les fonctionnaires techniques et les fonctionnaires administratifs.

Le seul remède à apporter consisterait dans l'amélioration de la situation des agents en question, soit par des participations aux résultats partiels obtenus dans leur service, soit par indemnités de fonctions, ainsi qu'il a été fait en faveur d'autres catégories de fonctionnaires techniques de l'État (Service des Poudres et Salpêtres, Service des Ponts et Chaussées, Service des Chemins de fer de l'État, etc.).

Les mêmes remarques peuvent être formulées au sujet des fonctionnaires du service de la culture.

En ce qui concerne ces derniers, il a été signalé que dans les Directions de tabacs importantes, l'inspecteur de la culture est le véritable chef du service, et qu'il devrait en avoir le titre et les appointements. L'organisation actuelle qui groupe sous les ordres d'un même chef de service une manufacture et une circonscription de culture, a été adoptée dans un but d'économie, mais l'importance qu'ont prise peu à peu et le service de la fabrication et le service de culture justifierait parfaitement l'augmentation du cadre des directeurs de culture.

Le nombre des rédacteurs du service de la comptabilité est insuffisant.

Cette critique est certainement fondée. Le cadre est insuffisant et l'effectif réel l'est encore davantage, car il est impossible de remplir le cadre; le nombre des candidats aux examens pour l'emploi de rédacteur est de plus en plus restreint. Cette situation résulte, d'une part, du peu de perspectives d'avenir pour cette catégorie d'agents, et d'autre part, de l'insuffisance des traitements, en particulier ceux de début. Un rédacteur stagiaire, bachelier, débute à 4,500 francs et l'Administration des Manufactures de l'État est la seule où le temps de stage est aussi peu rétribué.

Critiques sur le mode de recrutement.

Le procédé de recrutement des ingénieurs est anti-démocratique puisqu'il constitue un véritable privilège au profit d'une École.

L'industriel privé, aussi soucieux que l'État du bon fonctionnement de

La question de savoir s'il vaut mieux recruter le personnel technique supérieur au moyen d'un concours ouvert à tous, ou en offrant les places vacantes aux élèves sortant de l'École Polytechnique, ne paraît pas du ressort

EXPOSÉ.

ses services, ne se fixe pas comme article de foi que la compétence est le privilège d'une seule école, et il serait facile de constater, dans les entreprises prospères, la diversité d'origine de leurs techniciens dirigeants.

Le recrutement des ingénieurs doit être élargi, et comme pour toutes les autres catégories d'agents il doit se faire par voie de concours ou d'examen ouvert uniformément à tous, avec un programme exigeant des connaissances scientifiques et techniques nécessaires.

OPINION DE LA COMMISSION.

de la Commission; elle dépend uniquement de l'intérêt que pourraient voir les pouvoirs publics à maintenir un nombre suffisant de candidats à l'École Polytechnique par la perspective donnée aux élèves qui en sortent d'obtenir un certain nombre de situations. Car on peut dire qu'il est indifférent que les preuves de culture générale exigées des jeunes gens admis à l'École d'application des manufactures de l'État soient données par leur rang de sortie de l'École Polytechnique ou par un concours ouvert à tous. Ce qu'on peut affirmer, c'est que le premier mode n'est pas nuisible à un bon recrutement; quant à dire qu'il est anti-démocratique, ce serait affirmer que le recrutement de l'École Polytechnique l'est lui-même, et c'est une absurdité.

La Commission estime que l'on pourrait envisager avec certains avantages un recrutement mixte analogue à celui du corps des ingénieurs des Postes et Télégraphes, c'est-à-dire que la moitié des places serait attribuée aux élèves de l'École Polytechnique d'après leur rang de classement, et l'autre moitié à la suite d'un concours ouvert à tous les candidats qui présenteraient des titres suffisants d'une large culture générale, particulièrement scientifique.

Si les résultats de ce concours ne permettaient pas d'attribuer toutes les places disponibles, celles qui resteraient vacantes seraient attribuées aux élèves de l'École Polytechnique classés immédiatement après ceux formant la première moitié du recrutement.

EXPOSÉ.	OPINION DE LA COMMISSION.
Les agents de la fabrication du cadre secondaire ne possèdent pas les connaissances techniques relatives à la fabrication qui leur permettraient non seulement de tenir la comptabilité des ateliers mais aussi de guider d'une façon plus effective le personnel ouvrier, et d'avoir sur lui une autorité fondée sur leur connaissance complète des fabrications. Le grade de chef d'atelier devrait pouvoir être obtenu par les ouvriers de la fabrication.	La critique est en partie fondée; il est certain qu'un recrutement comprenant uniquement soit des réformés de guerre, soit d'anciens sous-officiers, ne donne pas nécessairement des agents susceptibles de s'initier rapidement aux fabrications des manufactures de tabacs. Il serait nécessaire, pour y remédier, de ne plus réserver, comme actuellement, la totalité des postes de chefs d'ateliers à des candidats privilégiés. La moitié ou le tiers de ces postes devrait être donné par concours direct, ou à certains ouvriers qui se seraient fait remarquer par leur habileté professionnelle et qui feraient montre par ailleurs d'une culture primaire suffisante. Enfin, si le cadre des chefs d'ateliers était un peu plus large, il serait possible de faire faire un stage un peu plus prolongé aux chefs d'ateliers nouvellement rentrés, en les faisant passer dans un certain nombre d'ateliers successifs et en leur faisant subir, à la fin de ce stage, un examen professionnel à la suite duquel, en cas d'insuffisance, ils seraient éliminés.
Le mode de recrutement des ouvriers hommes n'a donné lieu qu'à une critique d'ordre temporaire, à savoir, que les mutilations de certains réformés ne les rendent pas propres à tous les travaux des manufactures.	Ces difficultés doivent être supportées; elles conduiront tout au plus à quelques excédents de dépenses et disparaîtront progressivement.
Le recrutement à tous les âges d'un certain nombre de veuves de guerre comme ouvrières a donné lieu à la re-	Il est certain qu'il y a là un grave inconvénient, et que la proportion des veuves de guerre admises, ou tout au

EXPOSÉ.

marque, qu'à partir d'un certain âge il était impossible de former de bonnes cigarières.

OPINION DE LA COMMISSION.

moins l'âge limite au-dessus duquel elles ne devraient pas être recrutées dans les manufactures de tabac, devrait être modifié; ou bien il faudrait admettre leur congédiement après un stage probatoire.

Critiques sur le mode de formation du personnel.

On a signalé que le personnel technique restait trop confiné dans un même établissement, qu'il n'exécutait pas de missions en nombre suffisant, soit à l'étranger, soit dans les autres établissements de l'administration ou même de l'industrie privée.

La chose est exacte; c'est l'insuffisance du personnel technique d'une part et l'insuffisance des crédits pour les missions, d'autre part, qui empêchent d'avoir recours à ce mode de perfectionnement extrêmement efficace de l'instruction du personnel technique.

A signaler également que le taux des frais de mission est tellement insuffisant qu'une mission donnée au personnel de tout grade constitue pour lui une perte pécuniaire notable.

Ce point a été déjà traité (page 61) et sera repris au chapitre F 2.

Critiques au sujet du règlement des mutations des ouvriers.

Ces critiques ont été extrêmement vives, aussi bien de la part des personnalités étrangères à l'administration que des différentes associations du personnel, autres que les syndicats ouvriers. Ces derniers ont été forcés de reconnaître que ce règlement méritait certains reproches qu'on lui adressait, mais ils se sont tous déclarés fermement partisans de son maintien. Tout au plus admettraient-ils des tempéraments accordés avec leur adhésion.

Cette question a été déjà traitée au chapitre C 1 *bis*, et le sera à nouveau plus complètement au chapitre F 2.

2° OBSERVATIONS DE LA COMMISSION.

D'une manière générale, le recrutement, la formation et la rémunération du personnel de la Régie des Tabacs devraient subir des modifications importantes.

Il y a de grandes difficultés, dans la situation actuelle de la législation, à intéresser à la bonne marche d'un Service certains fonctionnaires de l'État par l'allocation de primes venant augmenter leur situation. On peut redouter ainsi d'exciter la jalousie d'autres catégories de fonctionnaires.

Il est cependant indispensable de différencier des autres fonctionnaires de l'État les agents de la Régie des Tabacs.

Il ne faut pas perdre de vue que, dans ce cas spécial, il ne s'agit plus exclusivement d'Administration, mais bien de l'exercice d'une profession qui est également d'ordre commercial et industriel. Les agents de la Régie sont chargés d'acheter des marchandises, de les transformer, et même de les vendre; ils doivent être considérés à un autre point de vue que les fonctionnaires des autres Administrations en général.

Si des avantages spéciaux pouvaient leur être accordés sous une forme ou sous une autre, il est à présumer que ce nouvel état de choses permettrait un meilleur recrutement parce que les candidats se révéleraient plus nombreux.

L'État y trouverait sans aucun doute l'avantage d'un rendement accru, car dans le nombre important des candidats il serait possible de choisir les meilleurs, et de les conserver, alors que l'on voit aujourd'hui un grand nombre des fonctionnaires des Tabacs quitter le service de la Régie, par suite de la faiblesse de leurs émoluments, pour entrer, soit dans des entreprises privées qui leur assurent des avantages pécuniaires importants, soit même dans d'autres branches de l'Administration de l'État où leurs perspectives d'avenir sont moins limitées.

Chacune des catégories du personnel donne lieu aux remarques suivantes :

Fonctionnaires de la culture. — Il faudrait trouver un moyen de récompenser pécuniairement les fonctionnaires de la culture employés, soit en France, soit aux Colonies, pour les améliorations réalisées au point de vue du rendement et de la qualité dans les régions placées sous leur surveillance.

Personnel des missions d'achat à l'étranger. — Le système des achats directs par missions à l'étranger devant être renforcé et étendu, il est nécessaire d'augmenter le nombre des agents chargés de ces missions pour le mettre en rapport avec la valeur annuelle (plus de 200 millions de francs) des feuilles achetées. Pour assurer leur recrutement, il faut aussi les mieux rémunérer. Les dépenses correspondant à ces augmentations seraient insignifiantes en comparaison des économies qui pourraient être réalisées si les missions effectuant les achats de feuilles étaient plus solidement constituées.

Personnel des fabrications. — Le recrutement de ce personnel tant masculin que féminin est tout à fait défectueux. Il permet difficilement d'avoir de bons ouvriers spécialistes.

De plus le règlement ne permet pas un avancement judicieux ni la distribution de gratification, ni la désignation des ouvriers pour les postes qui correspondraient le mieux à leurs aptitudes.

Dans un sentiment très louable, puisqu'il s'agissait d'améliorer dans toute la mesure du possible le sort des malheureuses victimes de la guerre, notamment des veuves et des mutilés, le Parlement a imposé dans les manufactures de l'État le recrutement par priorité dans ces deux catégories : les veuves de guerre ont eu la priorité comme ouvrières, les mutilés comme ouvriers.

Ce mode de recrutement présente un grave danger. En admettant, sans aucune limite d'âge, des mutilés et des veuves de guerre pour lesquels on ne fera jamais assez, mais dont beaucoup ont des trop faibles aptitudes, les fabrications doivent forcément s'en ressentir, car on ne peut notamment former de bonnes cigarières avec des ouvrières âgées, pas plus qu'on ne peut obtenir un bon spécialiste sur telle ou telle machine, avec un mutilé privé, par exemple, de l'usage d'un bras.

Ce personnel, admis d'office, puisque tel est le vœu du Parlement, n'a reçu aucune formation professionnelle préalable. Il entre dans la Manufacture avec sa seule bonne volonté, mais que de temps perdu, que de marchandises gâchées avant qu'il puisse produire économiquement pour l'Etat.

On ne peut assimiler une fabrication comme celle des Tabacs à un quelconque rouage de l'Administration de l'État, et s'il paraît possible, et même obligatoire, d'employer des mutilés et des veuves de guerre dans les Services n'exigeant pas de connaissances spéciales, où ils pourraient, par conséquent, se rendre utiles, il paraît également impossible de les affecter à des fabrications délicates pour lesquelles seules une grande dextérité, des connaissances mécaniques et autres peuvent rendre leur collaboration productive, et atteindre le double but : la qualité pour le consommateur contribuable, le prix de revient bon marché pour l'État.

Il serait bon de réduire le nombre de mutilés et de veuves de guerre à employer dans les manufactures au tiers ou au quart des vacances.

Du reste, si le mode de recrutement actuel devait être continué, il en résulterait que, dans une dizaine d'années, on ne pourrait plus fabriquer de cigares de luxe dans les manufactures.

Autrefois on recrutait dans la famille même des ouvriers le personnel nécessaire. Il y avait ainsi une sorte de tradition très profitable au bon rendement du travail.

On doit revenir à cette mesure; l'État y trouverait son compte par une amélioration de la qualité et par un abaissement de son prix de revient, ce qui lui permettrait, en y consacrant une partie des ressources venues de l'augmentation de son bénéfice, de venir d'une autre façon en aide aux veuves de guerre et aux mutilés.

Avancement à l'ancienneté. — L'avancement à l'ancienneté est une hérésie. Il faut que les directeurs aient assez d'autorité pour choisir dans leur personnel ceux qui conviennent le mieux à une place déterminée, alors que, dans le régime actuel, lorsqu'une place est vacante, elle est offerte au plus ancien.

L'absence complète d'autorité des Directeurs crée une situation inadmissible dans des établissements industriels.

Du fait des organisations syndicales, des interventions parlementaires, etc., le Directeur n'a pas plus le droit de donner des primes, des gratifications, de l'avancement, qu'il n'a le droit de sévir.

Il est indispensable, pour que les usines de l'État fonctionnent dans des conditions normales, que les Directeurs aient les mêmes pouvoirs sur leur personnel que dans les usines de l'industrie privée. Non seulement il n'en résultera pour le personnel aucun désavantage, mais au contraire il ne pourra en résulter qu'une amélioration sensible des traitements, un avancement rapide des bonnes volontés, une émulation d'où découle le progrès.

Chefs d'atelier. — Le même genre d'observations est à formuler pour les différentes catégories autres que les ouvriers intervenant dans les fabrications, notamment pour les chefs d'atelier, dont le recrutement est fait parmi d'anciens sous-officiers retraités. Il y aurait lieu, au contraire, de trouver des gens de métier formés dans les Manufactures, ayant, en dehors d'un certain nombre d'années de service, toute l'expérience et les qualités nécessaires.

De plus, l'autorité de ces chefs d'ateliers devrait être renforcée pour leur permettre de réprimer les malfaçons avec toute la sévérité voulue.

Les connaissances demandées aux candidats chefs d'atelier à l'examen dont il est question à la page 79, sont insuffisantes pour garantir leur capacité à remplir cet emploi. On devrait imposer aux candidats admis un stage, pendant lequel ils passeraient dans plusieurs ateliers, où leurs collègues reconnus comme ayant toutes les capacités désirables feraient leur instruction. A la fin de ce stage, les candidats chefs d'atelier devraient subir un examen professionnel, et en cas d'insuffisance, ils devraient être éliminés.

Les Associations ouvrières des Tabacs ont pu émettre le vœu que les chefs d'atelier soient exclusivement choisis parmi les ouvriers, mais l'adoption de cette mesure, qui aurait évidemment du bon en ce sens que les ouvriers ont des connaissances techniques, ne pourrait donner de bons résultats parce que les chefs d'atelier n'auraient pas toujours, vis-à-vis de leurs anciens camarades, toute l'autorité voulue, ce qui amènerait l'Administration à les changer de manufacture. La mesure n'a donc pas paru entièrement désirable à la Commission; le recrutement des chefs d'atelier ne doit pas uniquement être fait parmi les ouvriers.

Le recrutement actuel ne devrait être conservé que pour une moitié des places vacantes; l'autre moitié serait donnée à la suite d'un concours ouvert à tous et auquel les ouvriers pourraient se présenter; on pourrait favoriser d'ailleurs l'accession à ce concours des ouvriers qui paraîtraient aptes à l'emploi en leur permettant d'améliorer leur instruction générale, au moyen de leçons, qui pourraient leur être données dans les Manufactures, tout au moins dans les localités où des cours du soir ne sont pas déjà organisés.

École d'application des Manufactures. — Des efforts considérables ont été faits en France en ce qui concerne la formation du personnel militaire (Écoles militaires, etc.), la formation du personnel technique (Écoles d'arts et métiers, Écoles d'application diverses); la formation du personnel de l'Instruction primaire et secondaire (Écoles normales et Écoles normales supérieures). La Commission estime qu'il faudrait développer l'école d'application des Manufactures de l'État où les différents cours sont suivis par les élèves-ingénieurs, les contrôleurs-adjoints de culture stagiaires, et, autant que le service le permet, par un certain nombre de rédacteurs du service de la Comptabilité.

Ce développement consisterait dans la création de sections nouvelles où l'on ferait passer pendant quelques mois les futurs chefs de fabrication, et surtout dans la création dont il a déjà été parlé, d'une usine modèle et d'un laboratoire de culture qui formeraient en quelque sorte des prolongements de cette école d'application.

La Commission estime que les efforts importants à faire dans cette voie seraient extrêmement fructueux, car la bonne formation du personnel joue un rôle capital dans le succès d'une entreprise.

3° CONCLUSION.

1° Pour faciliter la bonne utilisation du personnel, il est nécessaire d'opérer la fusion des cadres de l'Administration centrale avec ceux des services extérieurs.

2° En raison du développement de l'exploitation, il est nécessaire de renforcer les cadres techniques supérieurs, et il est indispensable, pour attirer et retenir le personnel des cadres techniques, à tous les degrés de la hiérarchie, d'améliorer leur situation pécuniaire.

3° Pour assurer un bon recrutement des rédacteurs du Service de la comptabilité et des contrôleurs adjoints du Service de la culture, il est nécessaire d'améliorer les traitements du début de la carrière, et plus encore d'augmenter les perspectives d'avenir que ces carrières comportent.

4° Il y a lieu de supprimer les doubles attributions des directeurs des Tabacs, qui ne devraient pas être détournés, pour le Service de la culture, de leurs fonctions de directeur d'une Manufacture. Le chef de Service de la culture devrait toujours être un fonctionnaire du cadre de la culture, directeur ou inspecteur sous les ordres d'un directeur régional.

Si les pouvoirs publics ne maintiennent plus, au point de vue uniquement de l'intérêt d'assurer le bon fonctionnement de l'École Polytechnique, le recrutement exclusif des ingénieurs par la voie de l'École Polytechnique, le recrutement devrait, à l'avenir, être effectué moitié parmi les élèves de l'École Polytechnique désignés par leur rang de classement, moitié à la suite d'un concours ouvert à tous les candidats ayant des titres suffisants d'une large culture générale.

Il y a lieu de prévoir, pour éviter les à coups irréguliers dans le recrutement, qu'au cas où ce concours ne procurerait aucun candidat admis, les places d'élèves-ingénieurs restées vacantes seraient attribuées aux élèves de l'École Polytechnique classés immédiatement après ceux formant la première moitié du recrutement.

En dehors des deux catégories d'ingénieurs admis directement à l'École d'Application, le corps des ingénieurs des Manufactures de l'État continuerait à recevoir les ingénieurs mécaniciens de l'Administration ayant donné des preuves de leurs capacités et ayant satisfait à un examen spécial.

6° Les moyens d'action de l'École d'Application devraient être développés.

7° Le recrutement des agents du cadre secondaire chefs d'atelier devrait être amélioré et l'instruction de ce personnel organisée dès leur entrée dans le service de l'Administration.

L'instruction des agents du cadre secondaire destinés à devenir chefs de fabrication serait complétée par des stages d'enseignement effectués dans les ateliers annexes au Bureau technique d'études.

8° Les conditions de recrutement du personnel ouvrier devraient être améliorées.

9° Il serait désirable, par une modification de la loi, de diminuer la proportion des emplois réservés dans le cadre des ouvriers, et dans le cadre des chefs d'ateliers, aux victimes de la guerre et aux rengagés.

10° L'autorité des directeurs d'établissement sur le personnel devrait être notablement renforcée.

11° Le choix devrait jouer largement dans l'avancement des diverses catégories de personnel.

12° S'il paraît difficile d'intéresser aux bénéfices les agents du Monopole, il est nécessaire de récompenser par de larges allocations pécuniaires les agents, à tous les degrés de la hiérarchie, qui, par une initiative heureuse, une invention, le perfectionnement d'un procédé de fabrication, etc., auront contribué à une augmentation des bénéfices.

G. L'ADMINISTRATION.

1° EXPOSÉ.

L'Administration du Monopole des Tabacs est partagée entre deux directions générales du Ministère des finances : la Direction générale des Contributions indirectes, chargée de la vente des tabacs, celle des Manufactures de l'État, chargée de la culture indigène, des achats de tabacs exotiques, et de la fabrication. Mais les pouvoirs des directeurs généraux de ces deux administrations sont très limités et c'est le Ministre des finances qui est le chef de l'administration du Monopole.

Dès qu'une affaire présente une certaine importance, les directions générales ne peuvent prendre d'elles-mêmes une décision à son sujet;

elles doivent rassembler un dossier justificatif de leurs propositions et le soumettre au Ministre par l'intermédiaire de la Direction du Contrôle des Régies financières. Cette dernière direction a tous pouvoirs pour examiner l'affaire au fond et dans la forme. Elle peut la renvoyer aux directeurs généraux en demandant des modifications; elle la soumet obligatoirement au Contrôle des dépenses engagées qui a pris l'habitude de l'examiner non seulement au point de vue de sa répercussion budgétaire, mais à tous les autres. Elle la soumet facultativement à l'examen d'autres services du Ministère des finances (Contrôle du budget, Dette inscrite, Comptabilité publique, etc.). Le Ministre statue sur un rapport établi dans les bureaux de la Direction du Contrôle et dont les Directions générales n'ont pas connaissance la plupart du temps.

En cas de divergence de vue entre une des Directions générales et la Direction du contrôle, le Ministre, s'il en a le temps, peut examiner l'affaire et trancher le différend. En fait, une affaire qui soulève un tel différend n'aboutit pas ou n'aboutit qu'après des délais prolongés. Or, la compétence du Directeur général des Manufactures de l'État est extrêmement limitée. Jusqu'au 20 mai 1924 il ne pouvait pas engager, sans autorisation, une dépense supérieure à 12,000 francs. Depuis cette date, sa compétence a été élevée à 50,000 francs, ce qui ne correspond d'ailleurs qu'à 12,000 francs d'avant-guerre.

Qu'elles soient d'ailleurs arrêtées par le Directeur général des Manufactures de l'Etat ou par le Ministre, les dépenses doivent toujours être limitées, dans chaque exercice, aux crédits inscrits au budget général voté par le Parlement. Ces crédits, inscrits à divers chapitres, suivant leur affectation, se rapportent aux dépenses probables de l'année considérée. Les propositions à leur sujet doivent être faites au mois de mars de l'année antérieure et être accompagnées, pour chaque chapitre, article ou paragraphe du budget, d'explications détaillées de nature à justifier les augmentations ou les diminutions de crédits demandées par rapport à l'exercice précédent.

Si des circonstances survenues depuis l'époque de l'établissement du projet de budget viennent à modifier les prévisions de dépenses (augmentation de la consommation, accroissement du prix des matières ou des fournitures, variations à apporter dans la consistance du personnel, etc.), l'Administration ne peut disposer de crédits suffisants pour faire face à ces dépenses que si elle obtient le vote de crédits supplémentaires. Il ne peut être fait de virement de crédit d'un chapitre à un autre; par exemple on ne peut profiter de l'économie réalisée sur les salaires par l'emploi d'une machine, qui diminue la main-d'œuvre, pour payer l'acquisition de cette machine. Enfin, si l'occasion se présente d'acquérir dans des conditions exceptionnelles de qualité et de bon marché des lots de matières premières excédant les besoins prévus, il est impossible de le faire, car les crédits ordinaires ne peuvent être calculés en prévision de ces cas exceptionnels, et des crédits supplémentaires ne pourraient être obtenus que longtemps après que l'occasion serait passée.

Quand il s'agit d'un programme de revision importante d'outillage ou de constructions nouvelles, les crédits figurent à des chapitres spéciaux du budget.

Dans le cas de constructions particulièrement importantes, pa exemple celle d'une manufacture nouvelle, le principe même de la construction fait l'objet d'une loi, mais les crédits à affecter à cette construction ne sont votés qu'annuellement et l'importance des travaux à entreprendre pendant un exercice donné est limitée aux crédits qui leur sont spécialement affectés.

Toutefois, si les crédits alloués pour un exercice en vue d'achats de matières premières ou de fournitures, ou en vue de travaux de matériel ou de construction, ne sont pas totalement utilisés au cours de cet exercice, le solde restant est reporté à l'exercice suivant.

Le budget des manufactures de l'État est d'ailleurs exclusivement un budget de dépenses. Les recettes provenant de la vente des tabacs, encaissées par les receveurs de Contributions indirectes, sont comprises au même titre que les impôts dans les recettes générales du budget, et les évaluations de ces recettes sont faites complètement en dehors de la Direction générale des Manufactures de l'État et sans lien aucun avec les dépenses prévues par cette Direction générale pour le même exercice.

Les directions locales ont elles-mêmes pour leurs dépenses ordinaires leur budget particulier qui est soumis à l'approbation de l'Administration centrale et qui comporte d'une part les allocations globales pour certains chefs de dépenses peu importants ou difficiles à préciser d'avance, et d'autre part, des bases de salaire pour les travaux prévus et des bases d'emploi pour les matières et les fournitures.

Tout changement dans les bases de salaire ou d'emploi doit être approuvé par l'Administration centrale, ainsi que tout marché comportant une dépense supérieure à 3,000 francs.

Les dépenses spéciales non prévues au budget doivent être approuvées par l'Administration centrale qui doit demander elle-même l'approbation ministérielle quand la dépense dépasse 50,000 francs (12,000 francs jusqu'au 20 mai 1924).

Qu'il s'agisse de matières premières, de fournitures ou de travaux de matériel ou de construction, les marchés sont soumis aux règles de la Comptabilité publique et sont en principe passés par adjudications publiques. Dans la pratique, des dérogations nombreuses sont admises à ce principe, elles ont été déjà signalées à propos des achats de tabacs exotiques.

En ce qui concerne certaines fournitures importantes ou des travaux délicats de construction de machines ou de bâtiments, on applique en fait très largement les dérogations permises par les règlements sur la Comptabilité publique et l'on a recours en général à un concours limité entre concurrents ayant fourni des preuves de leurs capacités.

1 *bis*. EXAMEN DES PRINCIPALES CRITIQUES FORMULÉES SUR « L'ADMINISTRATION ».

EXPOSÉ.	OPINION DE LA COMMISSION.
Le fait de charger deux Administrations distinctes et qui s'ignorent de la fabrication et de la vente a pour conséquence d'empêcher le contact direct du fabricant et du client. Il empêche le fabricant de se rendre compte assez vite de l'accroissement de la vente ou de la mévente de certains produits et par suite de faire face, au moment voulu, aux demandes des consomma-	La dualité d'attribution de la fabrication et de la vente est fâcheuse en principe; elle peut être atténuée par la collaboration volontaire des chefs des deux Administrations; mais cette collaboration volontaire qui peut d'ailleurs n'être pas toujours réalisée conduit à des relations moins directes et moins bien établies qu'une subordination des deux services à un même chef. Cette

EXPOSÉ. | OPINION DE LA COMMISSION.

teurs, ou d'éviter la formation de stocks exagérés.

dualité n'est d'ailleurs en aucune façon une conséquence du principe même du monopole et elle peut cesser le jour où le Parlement le décidera.

Le Chef véritable de l'entreprise, le Ministre, est instable et incompétent. Ses décisions sont influencées par l'intervention abusive des parlementaires.

Il est exact que certaines décisions du Ministre sont inévitablement influencées par des considérations politiques plutôt que par la recherche d'un meilleur rendement du monopole. Un remède à ce défaut résiderait dans la délégation faite par le Ministre de ses pouvoirs de direction du Monopole à un Conseil d'administration où le Ministre serait seulement représenté.

Le Directeur général des Manufactures de l'État a une autorité absolument insuffisante. Les affaires sont arrétées par le contrôle préventif et les responsabilités deviennent insaisissables.

L'instabilité du chef s'oppose à l'établissement et à la réalisation d'un programme à long terme et aucun compte rendu ne vient éclairer sur les résultats des mesures prises.

Il est également exact que l'autorité et la liberté d'action du Directeur général sont absolument insuffisantes, que son action se trouve entravée par la multitude de contrôles préventifs auxquels toutes ses propositions sont soumises.

La plus grande partie de l'activité de l'Administration centrale est absorbée par les justifications à fournir sur ses projets, soit aux divers contrôles, soit aux commissions parlementaires, et il lui reste peu de temps pour prévoir et pour agir.

Ces inconvénients ne sont nullement inhérents au principe même du Monopole, ils tiennent à la façon dont son Administration a été conçue. On peut parfaitement envisager, au lieu du contrôle préventif actuel s'exerçant sur les moindres détails, l'établissement d'un

EXPOSÉ. | OPINION DE LA COMMISSION.

large programme de l'exécution duquel la Direction générale serait responsable et qui ne serait contrôlé que dans ses résultats, alors qu'actuellement le contrôle des résultats est inexistant.

Le personnel supérieur a une initiative trop restreinte.

Le défaut d'initiative laissé au personnel supérieur des Manufactures est une conséquence forcée de l'intervention du Ministre et des Services centraux du Ministère dans les détails de la gestion.

Du moment que l'on demande compte à l'Administration centrale, sur l'intervention par exemple de parlementaires, de la moindre mesure prise dans une Direction locale, elle est amenée à maintenir ses chefs de service dans une étroite subordination.

La décentralisation ne peut résulter que du refus du Ministre d'entrer dans le menu détail des mesures d'exécution, et dans sa volonté de limiter son action à l'approbation des programmes et au contrôle de leur exécution.

La séparation du budget des dépenses des Manufactures de l'État du budget des recettes est complètement illogique.

La spécialisation des dépenses par chapitres et l'annualité du budget s'opposent à une gestion industrielle. Les crédits alloués dépendent de la situation générale des finances et ne sont pas calculés en vue du bien réel de l'entreprise.

La séparation du budget des dépenses de celui des recettes, la spécialisation par chapitres et articles et l'annualité du budget méritent dans l'espèce toutes les critiques qui leur sont adressées.

Ces mesures sont tout à fait indépendantes du principe du monopole d'État et rien ne s'oppose à ce que ce dernier soit doté d'un budget autonome, avec recettes et dépenses. Cette mesure serait heureusement complétée

EXPOSÉ.	OPINION DE LA COMMISSION.
	par la faculté donnée au Monopole d'emprunter pour la constitution de ses stocks, pour l'amélioration de son outillage, pour ses constructions nouvelles. La charge (intérêts et amortissement) de ces emprunts serait prélevée sur l'excédent du bénéfice résultant des mesures dont ces emprunts permettraient la réalisation. Ce serait là d'ailleurs la véritable manière d'engager, d'une façon tangible, la responsabilité de la Direction générale au sujet des décisions qu'elle prendrait dans ces matières.

2° OBSERVATIONS DE LA COMMISSION.

Un défaut primordial du régime administratif actuel consiste dans la séparation complète de la fabrication et de la vente, la fabrication dépendant du Directeur général des Manufactures et la vente dépendant du Directeur général des Contributions indirectes. En outre entre ces deux administrations et le Ministre viennent s'intercaler des organismes de contrôle, seuls en contact direct avec le Ministre, et susceptibles de ce fait de tenir les deux administrations dans une véritable dépendance.

Étant donnée l'importance de l'exploitation du Monopole des Tabacs, il devrait constituer un organisme unique complètement autonome, fonctionnant directement sous la haute autorité du Ministre des Finances. La Direction de cet organisme serait assurée par un Directeur général, qui aurait sous ses ordres un Directeur de la culture, un Directeur des achats, un Directeur des fabrications, un Directeur des ventes, un Directeur administratif, et un Directeur du service central des constructions et des appareils mécaniques et de l'École d'application. Ces six directeurs se réuniraient fréquemment en Comité de Direction, pour se tenir au courant des besoins de leurs services, etc.

De plus, un poste de Contrôleur remplissant le rôle des Commissaires des comptes dans les Sociétés anonymes, pourrait être créé.

Le budget du Monopole formerait un compte autonome avec recettes et dépenses, permettant de voir sans aucune difficulté le résultat d'exploitation. Il serait présenté tous les ans au Parlement, comme les comptes d'une Société anonyme sont présentés à l'Assemblée des actionnaires, le rôle des Commissaires des comptes étant assuré par le Contrôleur dont il est question ci-dessus.

Cette réforme pourrait être réalisée sans qu'il soit besoin de recourir à la création d'une Société anonyme, à l'exemple de ce qui a été fait en Suède, où d'ailleurs l'État est en réalité à peu près le seul actionnaire.

Étant donnée l'importance de cet organisme il y aurait lieu de l'installer à Paris, dans un local spécial où tous les services seraient réunis, au lieu d'être mélangés comme actuellement aux divers services du Ministère des Finances.

L'établissement de cet « Hôtel des Tabacs » permettrait d'adjoindre aux bureaux une salle d'exposition consacrée aux produits des Manufactures, des salles de réunion bien organisées où seraient rassemblés périodiquement les divers intéressés : directeurs d'usines, chefs de service de la culture, représentants des débitants, etc., pour y prendre contact et recevoir les directives de la Direction générale.

De cette façon le Monopole des Tabacs dont le chiffre d'affaires doit dépasser deux milliards serait administré comme une grosse entreprise industrielle.

3° CONCLUSIONS.

1° Il est nécessaire d'opérer la fusion des Administrations de vente et de fabrication.

2° Le Monopole devrait être dirigé par un Conseil d'administration, agissant par délégation du Ministre, et ayant toute autorité.

3° L'autorité et la compétence du Directeur général et des Employés supérieurs doivent être renforcées.

4° Pour un service industriel comme celui des tabacs, dont les dépenses sont immédiatement productives de recettes, il est indispensable de faire cesser la séparation du budget des recettes et des dépenses.

Le Monopole doit être investi de la faculté d'emprunter.

5° Un plan de réorganisation des services de la Direction générale doit être établi, qui comporterait nécessairement une augmentation du nombre des chefs de service, mais devrait étroitement assurer la liaison entre eux.

6° Tous les services centraux du Monopole des tabacs devraient être concentrés dans un bâtiment « Hôtel des Tabacs ».

II. LA COMPTABILITÉ.

1° EXPOSÉ.

La comptabilité du Monopole des Tabacs se divise en comptabilité-matières, visant seulement les tabacs en poids, et en comptabilité-deniers relative aux dépenses de toutes sortes.

La comptabilité-matières est tenue dans chaque établissement par entrée et sortie dans chaque atelier, toute sortie d'un atelier correspondant à une entrée dans un autre atelier.

Grâce à ce système il est possible de connaître très exactement le rendement, c'est-à-dire de savoir quelles quantités de tabacs ont été employées pour fabriquer 100 kilogrammes d'un produit déterminé. Par contre, on n'obtient pas ainsi immédiatement le prix de revient tenant compte de la valeur de la matière, des fournitures, de la main-d'œuvre et des frais généraux.

La comptabilité-deniers est établie par catégories d'après la classification des crédits inscrits au budget. Cette classification n'a aucun rapport avec la fabrication. Si on veut établir les prix de revient des produits fabriqués, on a facilement les éléments en ce qui concerne les matières; mais, pour les autres dépenses, il faut procéder à un dépouillement assez compliqué, aussi n'y procède-t-on que par intervalles plus ou moins éloignés.

La Régie n'est donc pas en mesure de dire avec une exactitude absolue ce qu'elle gagne sur chaque produit en particulier, mais elle établit au contraire, d'une façon très précise, son bénéfice total par exercice dans un compte général d'exploitation, dressé chaque année depuis la fondation du Monopole.

De même que dans une Société en commandite dont l'État serait à la fois le commanditaire et le banquier, la Régie déclare en fin d'exercice que les mouvements de fonds effectués chez son banquier se traduisent par une somme de... pour le bénéfice, et que le capital dont elle est responsable vis-à-vis de son commanditaire a subi une variation de..., compte tenu des amortissements et des dépenses nouvelles d'immobilisation.

Le compte d'exploitation, dans ses grandes lignes est établi de la manière suivante :

1° Recettes totales de Régie;

2° Dépenses totales y compris les dépenses d'immobilisations nouvelles ou de grosses réparations;

3° Différence entre les recettes et les dépenses.

Cette différence qui représente uniquement le solde d'un compte de caisse, doit, pour permettre de dégager le rendement proprement dit, être corrigée en tenant compte des variations survenues dans le capital de la Régie.

C'est dans l'évaluation de ce capital, effectuée lors de l'inventaire, en fin d'exercice, que l'on tient compte d'une part des augmentations ou diminutions de stocks, d'autre part de l'amortissement du capital immobilisé dans les constructions et les machines, ainsi que de la valeur des immobilisations nouvelles.

Dans cet inventaire de fin d'exercice, les produits fabriqués, les matières premières, les fournitures, les ustensiles et le mobilier sont comptés à leur prix d'achat ou de revient.

La valeur des terrains est revisé tous les cinq ans en général et prise égale à celle des terrains voisins déterminée après enquête et consultation de l'Administration des Domaines.

La valeur des immeubles et des machines s'obtient en réduisant, de 2 p. 100 pour les constructions et de 10 p. 100 pour les machines, la valeur estimative de l'inventaire précédent, et en ajoutant, s'il y a lieu, le prix des grosses réparations.

Si un immeuble est démoli, une machine mise au rebut, ils cessent de figurer à l'inventaire et la valeur pour laquelle ils figuraient encore précédemment est entièrement amortie.

Au contraire, une construction ou une machine nouvelle apparaît à l'inventaire pour sa valeur de construction ou d'acquisition et vient augmenter le montant du capital immobilisé.

Les variations en plus ou en moins de la valeur du capital sont ajoutées à la différence entre les recettes et les dépenses, ou retranchées de celle-ci, pour donner finalement le rendement net de la Régie.

Étant donné que la comptabilité du monopole se tient par exercice financier, et qu'on attend pour arrêter tous les comptes la clôture de cet exercice, toutes les dépenses et toutes les recettes afférentes à l'exercice sont réglées à de rares exceptions près, de sorte que le bilan est réduit à sa plus simple expression : au passif la valeur du capital de la Régie, à l'actif la valeur des immobilisations (bâtiments et matériel) et celle des matières, des fournitures et du petit outillage dont le total est égal au capital.

Dans le rendement net accusé, on ne fait pas ressortir la part qui pourrait représenter l'intérêt du capital immobilisé et non amorti.

Le Monopole versant à l'État toutes ses recettes, qu'elles représentent un intérêt de capital ou non, cette distinction a paru oiseuse, mais il n'est rien de plus facile que de calculer cet intérêt chaque année puisque le compte du capital est établi au commencement et à la fin.

Pour un exercice donné on peut dire si l'on veut que le rendement net accusé comprend jusqu'à concurrence de tant l'intérêt du capital engagé et non amorti; mais cette distinction est d'autant moins intéressante que le chiffre qu'on obtiendrait ainsi ne représenterait guère que 2 à 3 p. 100 du rendement net accusé.

Les comptes postérieurs à l'exercice 1913 n'ont pas été publiés parce que les événements de la guerre, l'invasion, l'absence de quelques pièces de comptabilité à provenir de certains services de la Guerre, des Transports, des Contributions indirectes, n'ont pas permis de les arrêter définitivement et qu'il n'a pas paru convenable de faire imprimer et publier des chiffres qui ne seraient pas rigoureusement exacts. Mais les éléments de comptes qui manquent ne portent que sur des sommes relativement faibles.

Les comptes approximatifs que l'on a continué à établir d'après les mêmes principes qu'autrefois sont approchés à quelques millièmes près et l'inventaire au 31 décembre 1923 ayant pu être établi rigoureusement, il sera possible de reprendre la publication des comptes définitifs avec la précision habituelle à partir de l'année 1924.

1 *bis*. PRINCIPALES CRITIQUES FORMULÉES SUR « LA COMPTABILITÉ ».

EXPOSÉ.

La Régie ne tient pas la comptabilité prescrite par le Code de commerce. Elle ne connaît pas son capital, n'amortit pas, ne fait pas de réserves.

La comptabilité administrative est fantaisiste; on n'y tient compte ni des frais d'amortissement, ni de l'intérêt du capital engagé.

L'Administration des Manufactures de l'État n'est jamais parvenue à établir des bilans, ou, tout au moins, ses bilans ne sont pas présentés sous la forme commerciale.

Les chiffres de la comptabilité administrative sont sans aucune valeur parce qu'ils ne sont pas soumis au contrôle de la comptabilité en partie double.

Dans les manufactures on ne fait pas de bilan; les Ingénieurs ignorent le prix des tabacs qu'ils emploient et le prix de revient des produits qu'ils fabriquent.

OPINION DE LA COMMISSION.

Le monopole ne tient pas la comptabilité sous la forme commerciale parce que la direction de la Comptabilité publique a imposé le système de la comptabilité budgétaire, et qu'à moins d'augmenter considérablement les frais on ne pourrait faire deux comptabilités.

Mais il n'y aurait que des avantages à pouvoir abandonner la comptabilité budgétaire pour adopter un système de comptabilité commerciale qui, suivant l'usage, serait tenue en partie double. Mais, quels que soient les inconvénients du système actuel, il est tout à fait inexact de dire que les chiffres donnés sont sans valeur, et la comptabilité fantaisiste.

La Régie suit très exactement la valeur de son capital, pratique l'amortissement de ses immobilisations d'une façon rationnelle et établit son bilan.

Il est exact qu'elle ne fait pas de réserves : pourquoi, dans le système adopté actuellement pour la gestion du Monopole, en ferait-elle?

Elle verse à son banquier, l'État,

EXPOSÉ. | OPINION DE LA COMMISSION.

toutes ses recettes; par contre ce même banquier doit lui fournir les capitaux nécessaires à ses immobilisations nouvelles.

La seule chose essentielle est que la valeur de ses immobilisations entre correctement en compte, et c'est ce qui est fait.

On peut envisager un autre mode de gestion où le Monopole jouirait de l'autonomie financière, serait capable d'emprunter et d'amortir ses emprunts; dans ce cas sa comptabilité serait à changer.

Quant à son bilan, il est présenté sous la forme commerciale, mais en raison du règlement des dépenses par exercice, de l'absence de réserves, du fait que les amortissements sont effectués avant inventaire, il ne comporte pas les postes qu'on a l'habitude de trouver dans les bilans commerciaux.

La comptabilité générale du Monopole ne mérite donc pas toutes les critiques qui ont été formulées contre elle.

Par contre, l'absence de prix de revient et de bilans spéciaux dans chaque manufacture est fâcheuse.

Il serait sans intérêt de fournir à chaque Manufacture la valeur des tabacs qu'elle emploie, en raison des différences de prix des mêmes espèces de tabacs, suivant les marchés. Mais la comptabilité-matières en usage permet de connaître parfaitement les rendements en poids.

Il serait possible, avec un autre système de comptabilité-deniers de faire ressortir aisément les dépenses de transformation. Il serait regrettable et coûteux d'avoir à tenir deux comptabilités distinctes. La comptabilité budgétaire actuelle devrait donc disparaître et être remplacée par un système permettant d'appliquer, d'une façon continue, chacune des dépenses effectuées à un produit déterminé.

2° OBSERVATIONS DE LA COMMISSION.

Il ne paraît pas opportun d'établir dans chaque Manufacture des prix de revient tenant compte du prix spécial des matières qui ont été mises en œuvre dans cette Manufacture puisque, au hasard de la provenance des matières mises en œuvre, leur prix d'achat à qualité égale peut être assez différent suivant les marchés; mais on devrait établir le prix de revient au kilogramme des différents produits fabriqués abstraction faite du prix des matières et en tenant compte seulement des poids de ces matières utilisées pour chaque kilogramme de produit fabriqué. Le prix de revient total du produit serait ensuite obtenu en attribuant à chaque espèce ou qualité de tabac le prix moyen réel résultant des divers achats de tabacs en feuilles. Il serait possible de cette manière de comparer les prix de revient dans chaque manufacture. Les procédés employés dans les manufactures à bas prix de revient serviraient de modèles à celles où ce prix de revient est élevé.

3° CONCLUSIONS.

1° La comptabilité en partie double doit être organisée.

2° Les prix de revient de tous les produits doivent être exactement établis, et tenus à jour sans aucun retard.

3° L'autonomie financière du monopole devrait être obtenue.

IV

CONSIDÉRATIONS GÉNÉRALES SUR LE MONOPOLE ET SON RENDEMENT.

Dans la première partie de ce rapport, la Commission a étudié les questions concernant l'organisation et le fonctionnement du monopole des tabacs, elle a examiné les critiques qui se sont élevées de toutes parts contre cette institution, elle a recherché si ces critiques étaient fondées, et elle a exprimé son avis à leur sujet, elle a étudié la possibilité et les moyens d'apporter des améliorations aux organismes existants.

Elle a suggéré également les réformes qui lui paraissaient indispensables pour améliorer l'organisation du monopole tant au point de vue exploitation qu'au point de vue administratif.

Augmentation du rendement.

Elle tient à résumer dans sa conclusion les moyens qui lui paraissent les plus propres à permettre à l'État d'augmenter le monopole des tabacs.

Pour augmenter ce rendement, il y a lieu :

1° D'améliorer le prix de revient;

2° D'augmenter les recettes.

1° **Amélioration du prix de revient.** — En ce qui concerne l'amélioration du prix de revient, les moyens à employer ont été examinés dans le rapport. La Commission croit ne pas pouvoir être taxée d'exagération en estimant à 10 p. 100 l'économie maximum à réaliser ainsi : économie sur la matière, sur le salaire et les frais généraux, soit, sur 500,000,000, 50,000,000 de francs environ.

2° **Amélioration des recettes.** — L'amélioration des recettes, en supposant maintenus les prix de vente actuels, ne peut être obtenue que par les moyens suivants :

a. Augmentation des quantités consommées;

b. Orientation de la clientèle sur les produits qui rapportent le plus à l'État.

a. *Augmentation des quantités consommées.* — Une question préliminaire se pose :

Serait-il bon ou mauvais de pousser le public à consommer davantage de tabac, soit par de la publicité intensive, soit par une propagande appropriée?

Cela ne pourrait-il créer, au point de vue santé, un tort considérable à la race, que de chercher à faire consommer aux Français et aux Françaises, de plus en plus de tabac, pour le seul profit des caisses de l'État?

La Commission n'a pas cru de sa compétence de conclure sur ce point, estimant que l'Académie de médecine, le Ministre de l'hygiène, les Commissions d'hygiène de la Chambre des Députés ou du Sénat étaient beaucoup mieux qualifiés pour décider si la passion du tabac devait être développée ou, au contraire, enrayée, si tel le voulait le bien général.

Mais il semble bien qu'au point de vue hygiène, l'humanité n'est pas et ne sera jamais parfaite. Si l'on admet que l'abus du tabac peut être très nuisible à la santé de l'individu, on peut en revanche admettre également que la suppression, voire même une simple diminution de quantité chez un consommateur, peut développer chez lui d'autres besoins, d'autres passions, tels que la boisson, l'alcool, etc. Le superflu, dans l'existence de l'individu, entraîne presque irrémédiablement à des abus quelconques.

La Commission n'a donc pas cru devoir s'arrêter à ces considérations, et elle pense que l'on peut faire un effort en vue de l'augmentation de la consommation. Des résultats peuvent être obtenus par les moyens indiqués au cours du présent rapport aux chapitres des entrepôts et de la vente. Toutefois, étant donné la consommation individuelle déjà élevée en France (1 kilogr. 400 environ par tête d'habitant et par an), légèrement supérieure à celle de l'Angleterre, très supérieure à celle de l'Italie et de l'Espagne, elle ne pense pas qu'il faille s'attendre à des résultats très importants dans cette voie. Le second moyen lui paraît beaucoup plus intéressant; il aurait d'ailleurs l'avantage de se concilier entièrement avec les préoccupations d'hygiène auxquelles il vient d'être fait allusion.

b. *Orientation de la clientèle sur les produits qui rapportent le plus à l'État.* — Pour un prix de revient qui n'est pas très supérieur, le prix de vente au kilo des cigarettes du prix le plus bas (60 francs), est le double de celui des tabacs en paquets (30 francs environ). Il faut donc s'ingénier à amener le consommateur à fumer le même poids en cigarettes toutes faites, et à abandonner la pratique du tabac en paquets.

Pour arriver à ce résultat, une publicité intelligemment faite, l'attraction de la clientèle par des vitrines bien achalandées, et peut-être une diminution de l'écart des prix de vente, au lieu de l'augmentation que l'on a tendance à vouloir réaliser, amèneront le public à fumer des cigarettes.

Il y aurait également lieu d'améliorer le plus possible la qualité du papier à cigarettes, qui rebute bien des fumeurs, et les incite à faire eux-mêmes leurs cigarettes.

Si l'on admettait que ces mesures puissent avoir pour effet de produire un déplacement de consommation portant sur une vente de 300,000,000 de francs de scaferlati en paquets (sur un total de ventes de 1 milliard pour ces produits), il en résulterait une recette supplémentaire de 600,000,000 de francs, pour la vente des cigarettes, et, par conséquent, une augmentation finale de recettes de 300,000,000 de francs.

La question de la fixation du prix de vente des tabacs fabriqués n'entre pas, à proprement parler, dans le cadre des études de la Commission. Il s'agit là essentiellement d'un impôt, et son taux est de la compétence du Parlement. Toutefois, la Commission croit pouvoir faire remarquer que ce sont ces taux d'impôt qui jouent le rôle primordial dans le rendement du monopole. Avec les prix actuels, les fumeurs français dépensent, pour satisfaire leur goût, une somme voisine de deux milliards de francs par an. C'est cette somme qui représente le total de l'impôt, de la valeur intrinsèque des tabacs vendus, et des frais de vente et de répartition sur l'ensemble du territoire.

La Commission a bien indiqué que, par le déplacement de consommation vers les produits plus chers, il serait possible d'obtenir une augmentation de cette somme. D'autre part, les améliorations à apporter au prix de revient conduiraient à une légère augmentation du rendement net, mais tous ces moyens, quelque succès qu'on leur suppose, ne peuvent conduire qu'à des résultats, assurément intéressants, mais nécessairement limités.

Or, si l'on compare les prix de revient et de vente d'avant-guerre du scaferlati ordinaire, par exemple, on voit qu'en 1913, pour un prix de revient de 1 fr. 60 le kilo, le prix de vente est de 12 fr. 50, soit un bénéfice brut, y compris l'impôt, de 11 francs environ, et qu'en 1923, pour un prix de revient de 6 francs, le prix de vente est de 27 fr. 50, soit un bénéfice brut de 21 fr. 50, impôt compris (1).

En admettant que les bénéfices bruts représentent l'impôt, le prix des tabacs n'a donc été augmenté que dans la proportion de 1 à 2,2, et l'impôt dans la proportion de 1 à 1,8, alors que le coût de la vie est, en moyenne, sur tous les objets, dans les rapports de 1 à 4 et de 1 à 5.

Si l'on tient compte de la dépréciation du franc, on arrive à ce résultat tout à fait paradoxal et incompréhensible, c'est que l'impôt sur le tabac a diminué actuellement de plus de 50 p. 100.

(1) En Angleterre le droit de douane sur les tabacs en feuilles, qui représente à lui seul l'impôt sur les tabacs, puisque la culture nationale y est nulle, varie de 8 sh. 2 d. à 9 sh. 1 d. par Lb, suivant l'état des feuilles, ce qui fait en francs-or 22 fr. 70 à 25 fr. 25 par kilo, soit au change de mars 1925, 90 francs environ. En admettant qu'il ne faille pas plus d'un kilo de feuilles pour faire un kilo de scaferlati ordinaire, l'impôt anglais à lui seul représenterait, en francs-papier, plus de trois fois le prix auquel le scaferlati ordinaire tout fabriqué est vendu actuellement au consommateur français.

En appliquant actuellement au prix de vente des tabacs, le prix seul de l'impôt anglais, c'est-à-dire en faisant payer au consommateur français le prix de l'impôt anglais et en lui donnant gratuitement la marchandise, la recette des tabacs passerait de 1,700,000,000 à 5,100,000,000 de francs soit, pour les dépenses qui ne changeraient pas de 500,000,000 de francs, un rendement net de 4,600,000,000, au lieu de 1,200,000,000 de francs, chiffre actuel.

Pendant ce temps, dans les pays où la monnaie nationale a été peu ou pas dépréciée, les prix des tabacs ont augmenté, en Angleterre de 100 à 140 p. 100, en Suisse de 100 à 400 p. 100, et en Italie, où la lire a été dépréciée, de 300 à 600 p. 100, suivant les qualités.

Il y a donc là une anomalie regrettable qui fait bénéficier les fumeurs d'un prix de vente extrêmement bas, au détriment du budget, c'est-à-dire finalement de l'ensemble des contribuables. Cette erreur doit être réparée le plus rapidement possible, et le prix des tabacs doit être notablement augmenté. Si la capacité d'achat des fumeurs n'est pas suffisante pour supporter cette augmentation de prix, il résultera pour la plupart d'entre eux une diminution de consommation en kilos, mais le résultat financier sera certainement avantageux pour le Trésor.

Le Parlement a autorisé le Ministre des Finances à porter à 37 fr. 50, soit trois fois le taux d'avant-guerre, le prix de vente du scaferlati ordinaire. Cette mesure, complétée par les augmentations corrélatives des prix des autres produits, conduirait à une augmentation de rendement qu'on peut évaluer à 350 ou 400 millions, et cependant, l'accroissement du prix de vente des tabacs restera encore modéré, en comparaison de celui de la plupart des produits de consommation.

Création d'un Office national des tabacs.

Quelle serait la meilleure méthode à adopter pour obtenir la réalisation des réformes préconisées par la Commission? Il convient ici de reprendre les termes mêmes dans lesquels la Commission, dans un rapport partiel, s'est prononcée au sujet de l'organisation d'un Office national des tabacs.

Les principales défectuosités relevées dans le fonctionnement du monopole des tabacs ont le plus généralement pour causes :

1° Le manque d'autorité aux divers échelons de la hiérarchie;

2° Les obstacles apportés à une véritable gestion industrielle par l'absence d'autonomie financière, et par l'extension à l'Administration des manufactures de l'État de règlements qui peuvent avoir leur raison d'être quand ils sont appliqués à des organismes administratifs proprement dits, mais qui entravent le fonctionnement d'entreprises qui doivent être productrices.

La Commission ne croit pas possible de remédier bien efficacement à ces deux causes de fonctionnement défectueux dans le cadre de l'organisation actuelle du monopole.

L'absence d'autorité résulte surtout des interventions d'ordre politique auprès du Ministre des Finances, qui est mal armé pour y résister. Aussi longtemps que le Ministre aura dans ses attributions la gestion directe, dans tous ses détails, du monopole des tabacs, il sera conduit à prescrire, sous la pression de ces interventions, des mesures particulières qui ne seront pas toujours compatibles avec le maintien de l'autorité.

L'assujettissement de l'administration des manufactures de l'État aux règles de la comptabilité publique, le classement de ses dépenses dans le cadre du budget général, qui l'empêchent d'engager en temps voulu des dépenses qui seraient très productives en vue d'améliorer son matériel au fur et à mesure des progrès du machinisme, et de constituer ses approvisionnements de matières premières quand la situation des marchés présente des occasions favorables, sont également des conséquences du mode de gestion directe adopté actuellement. Il serait difficile d'obtenir que l'administration des manufactures de l'État, tant qu'elle sera assimilée aux autres administrations publiques, fût soustraite aux règles imposées d'une manière uniforme à ces dernières.

Un Office national autonome des tabacs ne posséderait pas évidemment la même liberté d'action qu'une affaire privée, mais il pourrait sans doute, beaucoup mieux que le monopole actuel, adopter les méthodes plus proches de celles qui font le succès des entreprises particulières bien gérées.

Le Parlement et le Ministre conserveraient, comme il est légitime, la haute surveillance sur l'entreprise, mais ils n'interviendraient plus comme actuellement dans les moindres détails de la gestion. L'Office pourrait ainsi réaliser, en grande partie tout au moins, les améliorations que la Commission préconise dans ce rapport.

Toutefois, pour qu'un tel résultat puisse être envisagé, il serait nécessaire d'entourer le fonctionnement de l'Office d'un certain nombre de précautions indispensables, qui doivent figurer dans la loi en vertu de laquelle il sera créé.

La Commission a adressé au Ministre sur ce sujet le projet d'un texte de loi qui est joint en annexe au présent rapport.

Considérations générales sur le maintien ou la suppression du monopole.

Bien que l'étude du principe même du maintien ou de la suppression du monopole des tabacs ait été écartée par la Commission, cette question s'est trouvée posée par la force même des choses tant au cours des études entreprises que des audiences des délégués des groupements intéressés au régime d'exploitation du monopole.

La Commission estime donc qu'il serait utile de terminer son rapport par l'exposé d'un certain nombre de considérations à ce sujet.

Les principaux groupements intéressés au monopole des tabacs, savoir :

a. 46,000 débitants;
b. 18,000 ouvriers;
c. 2,200 agents de maîtrise ou fonctionnaires;
d. 45,000 planteurs,

tiennent tous énormément au maintien du *statu quo*. C'est avec la plus grande énergie que les représentants de leurs associations ou syndicats ont, non seulement exposé leurs doléances, mais défendu le maintien de l'état de choses actuel. On peut en conclure que les adversaires du monopole ne se trompent pas en lui reprochant de faire à ces diverses catégories de trop grands avantages.

La Commission estime que si la suppression du monopole devait se traduire pour l'État (40,000,000 de contribuables) par un meilleur rendement, ou pour le consommateur (10,000,000 approximativement), par l'amélioration du produit, on ne devrait pas hésiter à la réaliser.

Elle tient d'ailleurs à faire remarquer que, en ce qui concerne les débitants, ils devraient pouvoir trouver des compensations dans un régime de vente libre. En ce qui concerne les 18,000 ouvriers et les

2,200 agents de maîtrise ou fonctionnaires, leur nombre est infime eu égard à la collectivité; les derniers d'ailleurs sont plus mal payés qu'ils ne le seraient dans une industrie privée. Enfin, en ce qui concerne les 45,000 planteurs, ils devraient pouvoir se tourner vers d'autres cultures aussi profitables s'ils ne pouvaient trouver l'écoulement en France ou à l'étranger de leurs tabacs. Ce n'est donc pas l'intérêt du personnel en cause qui doit légitimement être envisagé quand on essaie de trancher cette question.

Quels seraient, en dehors du système actuel, les nouveaux régimes applicables aux tabacs ?

a. Fabrication et commerce libres avec payement d'impôts;

b. Affermage du monopole à une société privée.

La première de ces solutions présente deux inconvénients particulièrement graves : il est fort douteux que dans un tel régime la culture indigène du tabac puisse rester viable; or, si l'on peut considérer que les agriculteurs intéressés pourraient trouver une compensation suffisante en se livrant à d'autres cultures, il paraît cependant conforme à l'intérêt général de conserver une culture nationale du tabac. D'autre part, il semble établi que, dans un régime de liberté de l'industrie et du commerce des tabacs, une grande partie des bénéfices se trouve absorbée par les intermédiaires.

Le rendement du monopole, dans l'année 1923, a été, dans ses grandes lignes, le suivant :

Ventes..........................	environ	1,700,000,000 francs.
Prix de revient..................	—	500,000,000
RENDEMENT NET.........		1,200,000,000 francs.

En admettant que le passage à l'industrie privée de la fabrication des tabacs conduise à économiser dans le prix de revient 10 p. 100

sur 500,000,000 de francs, il se produirait par contre la conséquence suivante :

Actuellement, les débitants se contentent d'une remise extrêmement faible, de 5 p. 100, si l'on tient compte de la redevance payée aux titulaires des bureaux. Or, dès qu'un commerce devient libre, il y a des concurrents. Ceux-ci luttent à coup de remise aux détaillants. Les remises à accorder deviennent beaucoup plus fortes et atteignent de 15 à 25 p. 100. L'exemple des pays étrangers montre que dans le commerce des tabacs, ces taux sont même souvent très largement dépassés. Le consommateur aurait donc un sacrifice supplémentaire important à faire si le revenu de l'État devait rester inchangé. Si, au contraire, on admettait que les prix de vente au détail fussent maintenus, il résulterait pour l'État une diminution de recette d'au moins 10 p. 100 (différence de remise), soit 170,000,000 de francs environ, et ceci en admettant même que l'industrie privée se contente comme bénéfices des 50,000,000 de francs résultant des économies dont il est question ci-dessus et qu'elle pourrait obtenir sur le prix de revient.

En conséquence, les économies réalisables sur les frais de fabrication que l'on pourrait vraisemblablement escompter du fait du changement de régime, seraient absorbées et au delà, par la remise des intermédiaires; dans ces conditions, ou bien pour un même revenu de l'État les prix de vente au consommateur devraient être augmentés, ou bien ces derniers prix restant constants, le revenu de l'État serait diminué.

L'affermage d'un monopole à une société privée est une solution qui peut donner des résultats satisfaisants dans les pays où les conditions économiques et sociales lui sont favorables. Mais l'essai d'application d'un pareil système en France au monopole des allumettes, de 1875 à 1889, est fort peu encourageant. Or, s'il s'agissait des tabacs, des difficultés spéciales se présenteraient encore du fait de la culture indigène. La surveillance fiscale de cette culture, déjà impatiemment supportée par les planteurs, quand elle s'exerce au profit de l'Etat, leur deviendrait odieuse quand elle paraîtrait s'exercer en faveur d'intérêts privés; elle pourrait devenir impossible au grand détriment du rendement du monopole.

Il est certain qu'en face des considérations exposées ci-dessus, qui sont toutes en faveur du maintien du monopole géré directement, on peut faire valoir les critiques qui ont été exposées dans le corps du rapport, et dont certaines, qui sont inhérentes aux entreprises de l'État, ont été reconnues fondées. Voir à ce sujet la note de M. Fayol (IIIe partie, annexe C).

Dans quelle mesure les avantages l'emportent-ils sur les inconvénients? Il est extrêmement difficile de répondre à cette question. L'opinion publique ne se rend pas un compte exact de la complexité du problème. Elle tend souvent à considérer le monopole des tabacs exclusivement comme une entreprise industrielle et commerciale. Or, c'est avant tout un moyen de percevoir l'impôt très lourd qui grève ce produit. Il comporte certainement une partie industrielle et commerciale importante; c'est cette partie qui attire le plus l'attention, mais ce n'est qu'une partie dans l'ensemble.

Or, dans tous les cas où existe un monopole complet de fabrication et de vente, comme celui qui est institué en France, il est radicalement impossible d'établir une distinction entre des bénéfices dits industriels et le rendement fiscal. Aucun système de comptabilité, aussi perfectionné qu'on l'imagine, ne peut permettre cette discrimination. Dans ces conditions, quand on veut faire des comparaisons entre les divers systèmes possibles, on se trouve réduit à rechercher, comme la Commission l'a fait, dans les diverses parties de l'ensemble, les causes d'infériorité ou de supériorité du système par rapport aux autres, mais il est extrêmement difficile de discerner si, au total, les avantages l'emportent sur les défauts.

La comparaison des résultats globaux ne peut se faire avec aucune autre institution analogue existant en France; elle ne peut être tentée que par rapport aux résultats obtenus dans les autres pays; cette tâche, extrêmement ardue et compliquée, car l'état social, les mœurs, les conditions géographiques et agronomiques de chaque pays sont de nature à modifier les données du problème, dépassait complètement le but assigné aux travaux de la Commission et les moyens d'investigation dont elle pouvait disposer.

Elle ne peut donc que se borner à demander l'application des réformes qu'elle a préconisées. L'expérience montrera dans quelle mesure le rendement actuel du monopole s'en trouvera amélioré.

Cette expérience serait heureusement complétée par une étude comparative extrêmement poussée entre les divers systèmes employés pour percevoir l'impôt sur les tabacs, étude dont on pourrait dégager celui qui convient le mieux à l'état actuel de la France.

Le Gouvernement, éclairé, pourrait alors prendre une décision en connaissance de cause.

30 mars 1925.

DEUXIÈME PARTIE

TABLEAUX STATISTIQUES

Tableau A I.

Production en France des différents centres de culture avec le nombre de planteurs (récolte 1923).

Récolte 1923 achetée en 1924.

CENTRES DE CULTURE.	NOMBRE DE PLANTEURS.	QUANTITÉS LIVRÉES par les planteurs.
		kilogrammes.
Ain	201	64,754
Alpes-Maritimes	89	38,880
Aube	89	18,450
Aveyron	32	8,035
Bouches-du-Rhône	26	19,183
Corrèze	824	201,048
Côte-d'Or	319	77,201
Dordogne	9,477	3,855,301
Drôme	1,225	403,257
Garonne (Haute-)	34	8,413
Gironde	3,985	3,430,404
Ile-et-Vilaine	66	31,640
Isère	5,246	2,040,982
Jura	6	629
Landes	317	154,823
Lot	6,005	1,039,618
Lot-et-Garonne	6,819	4,558,938
Marne (Haute-)	77	17,931
Meurthe-et-Moselle	123	32,126
Meuse	2	351
Nord	349	781,337
Pas-de-Calais	1,459	620,374
Puy-de-Dôme	41	4,791
Pyrénées (Hautes-)	229	68,196
Saône (Haute-)	327	60,466
Savoie	2,770	1,211,552
Savoie (Haute-)	437	253,425
Somme	49	15,133
Vaucluse	292	133,148
Vosges	32	9,665
Totaux	40,947	19,160,051

Tableau A II.

Décomposition du personnel de contrôle et ses appointements.

Service de la culture et des magasins.

DÉSIGNATION DES EMPLOIS.	1920.		1921.		1922.		1923.	
	BUDGÉTAIRE.	RÉEL.	BUDGÉTAIRE.	RÉEL.	BUDGÉTAIRE.	RÉEL.	BUDGÉTAIRE.	RÉEL.
a. *Employés commissionnés :*								
Directeurs	7	6	7	6	7	6	7	6
Inspecteurs	4	4	4	4	4	4	4	4
Entreposeurs	31	30	31	30	31	31	31	31
Contrôleurs principaux	31	30	31	30	31	31	31	31
Contrôleurs de culture	37	30	37	32	37	34	37	36
Vérificateurs et vérificateurs stagiaires(1)	40	35	40	36	40	34	40	30
Commis de culture(1)	386	345	386	350	386	360	386	376
Totaux	536	480	536	488	536	500	536	514
b. *Agents des cadres secondaires :*								
Chefs d'ateliers et concierges	125	115	125	116	131	125	131	127
Totaux	661	595	661	604	667	625	667	641

	APPOINTEMENTS.	INDEMNITÉS TEMPORAIRES.
	francs.	francs.
Directeurs de	14,000 à 18,000	3,000
Inspecteurs	13,500	2,000
Entreposeurs de	11,000 à 13,000	2,000
Contrôleurs principaux	11,000	"
Contrôleurs de culture	10,000	"
Vérificateurs et vérificateurs stagiaires(1)	4,500 à 10,000	"
Commis de culture(1)	3,800 à 7,000	"
Chefs d'ateliers	3,800 à 8,000	1,000
Concierges de	3,800 à 4,500	1,200 à la femme.

(1) Les vérificateurs portent depuis 1924 le titre de contrôleurs adjoints et le titre de vérificateur a été donné aux commis.

Des indemnités de résidence variant de 0 à 1,600 francs suivant les localités sont allouées en plus aux agents de tout grade.

TABLEAU B 1.

Achats de tabacs en feuilles en France.

ANNÉES DE RÉCOLTE.	QUANTITÉS.	VALEUR.	TABACS D'ALSACE.
	kilogrammes.	fr. c.	kilogrammes.
1912	24,898,080	27,166,211 85	//
1913	24,099,237	29,960,036 50	//
1914	23,914,506	30,585,371 03	//
1915	15,971,885	20,838,549 82	//
1916	14,610,016	22,785,477 75	//
1917	14,173,278	25,600,691 10	//
1918	8,875,948	26,065,796 50	//
1919	13,270,638	51,976,519 00	2,440,372
1920	16,987,470	75,382,842 20	3,810,008
1921	19,415,557	88,475,692 20	4,419,848
1922	21,988,722	99,714,486 09	5,845,340
1923	19,160,051	86,378,934 48	(1) 6,600,000

(1) Quantités approximatives, les résultats de la récolte 1923 n'étant pas encore exactement connus.

Tableau B II.

Statistique des différentes quantités achetées et des différents prix payés.

ANNÉES.	TABACS INDIGÈNES.					TABACS EXOTIQUES ORDINAIRES.			TABACS EXOTIQUES SUPÉRIEURS.		
	Quantités achetées (tabacs non fermentés).	Sommes payées.	Prix moyen par 100 kilogr.	Quantités emballées après dessiccation et fermentation.	Prix moyen par 100 kilogr. après emballage y compris les frais de manutention.	Quantités achetées.	Sommes payées.	Prix moyen par 100 kilogr.	Quantités achetées.	Sommes payées.	Prix moyen par 100 kilogr.
	kilogrammes.	fr. c.	fr. c.	kilogrammes.	fr. c.	kilogrammes.	fr. c.	fr. c.	kilogrammes.	fr. c.	fr. c.
1918. Récolte 1917....	14,173,278	25,600,691 10	180 62	12,133,435	230 77	33,055,744	109,654,548 44	331 72	4,870,499	24,132,697 46	495 48
1919. Récolte 1918....	8,875,948	26,065,796 50	293 66	7,377,077	373 11	45,370,127	165,256,112 01	364 23	7,706,931	42,388,245 23	550 00
1920. Récolte 1919....	13,270,563	51,976,258 30	391 66	11,040,163	490 57	45,769,503	264,904,729 46	578 78	4,410,321	36,918,797 09	837 10
1921. Récolte 1920....	16,983,714	75,368,925 90	443 77	14,576,985	536 82	36,442,274	140,102,440 65	384 45	5,216,351	31,941,377 52	612 33
1922. Récolte 1921....	19,415,557	88,475,692 20	455 69	16,703,532	549 46	23,574,752	74,342,980 43	315 35	3,833,296	12,969,957 01	338 35
1923. Récolte 1922....	21,988,722	99,714,183 71	453 47	18,575,472	556 58	16,603,617	95,775,474 68	576 83	1,301,654	8,844,496 44	679 48

TABLEAU B III.

Décomposition, comparaison des poids et des prix payés, en tabacs exotiques et tabacs indigènes.

Pourcentage établi par comparaison en poids et en sommes.

ANNÉES.	TABACS INDIGÈNES.		TABACS EXOTIQUES ORDINAIRES ET SUPÉRIEURS.	
	Pourcentage des sommes payées.	Pourcentage des quantités de tabacs secs.	Pourcentage des sommes payées.	Pourcentage des quantités achetées.
1918. Récolte 1917	16.06	24.23	83.94	75.77
1919. Récolte 1918	11.15	12.20	88.85	87.80
1920. Récolte 1919	14.69	18.03	85.31	81.97
1921. Récolte 1920	30.46	25.92	69.54	74.08
1922. Récolte 1921	50.33	37.86	49.67	62.14
1923. Récolte 1922	48.79	50.92	51.21	49.08

1° Pour la décomposition et la comparaison des poids et des prix payés en tabacs exotiques et en tabacs indigènes, se reporter au tableau B II.

2° Le pourcentage a été établi par comparaison des tabacs indigènes avec l'ensemble des tabacs exotiques ordinaires et supérieurs.

Tableau B III *bis*.

Décomposition, comparaison des poids et des prix payés en tabacs exotiques ordinaires et en tabacs indigènes.

Pourcentage établi par comparaison en poids et en sommes.

ANNÉES.	TABACS INDIGÈNES.		TABACS EXOTIQUES ORDINAIRES.	
	Pourcentage des sommes payées.	Pourcentage des quantités de tabacs secs.	Pourcentage des sommes payées.	Pourcentage des quantités achetées.
1918. Récolte 1917	18.92	26.85	81.08	73.15
1919. Récolte 1918	13.62	16.26	86.38	83.74
1920. Récolte 1919	16.40	19.43	83.60	80.57
1921. Récolte 1920	34.97	28.57	65.03	71.43
1922. Récolte 1921	54.34	41.47	45.66	58.53
1923. Récolte 1922	51.00	52.80	49.00	47.20

1° Pour la décomposition et la comparaison des poids et des prix payés en tabacs exotiques ordinaires et en tabacs indigènes, se reporter au tableau B II.

2° Le pourcentage a été établi par comparaison des tabacs indigènes avec les tabacs exotiques ordinaires.

Tableau Ci.

Effectif du personnel des Manufactures (1° ouvriers; 2° direction).

Surfaces couvertes. Valeurs approximatives des Établissements.

MANUFACTURES DE TABACS.	EFFECTIF OUVRIER.			EFFECTIF DIRECTION.			SURFACES		VALEURS. APPROXIMATIVES des établissements.
	HOMMES.	FEMMES.	TOTAL.	HOMMES.	FEMMES.	TOTAL.	BÂTIES.	de PLANCHERS.	
							mètres.	mètres.	francs.
Bordeaux	136	882	1,018	37	16	53	11,976	14,022	2,022,770
Châteauroux	173	1,077	1,250	44	19	63	9,892	13,574	2,641,645
Dieppe	78	630	708	26	16	42	3,230	6,547	1,591,995
Dijon	138	490	628	32	7	39	12,571	14,368	2,468,995
Issy	228	607	835	43	27	70	8,891	10,352	4,017,105
Le Havre	88	489	577	27	11	38	5,253	8,142	1,890,565
Le Mans	160	510	670	36	8	44	8,571	9,000	3,276,725
Lille	279	682	961	37	13	50	5,700	11,685	3,599,735
Limoges (1)	"	"	"	"	"	"	"	"	"
Lyon	131	490	651	38	7	45	5,826	10,712	13,904,060
Marseille	112	648	760	40	13	53	5,261	9.302	2,550,420
Morlaix	184	856	1,040	34	21	55	10,300	13,390	2,411,730
Nancy	135	720	855	37	13	50	8,000	13,980	3,187,045
Nantes	166	1,026	1,192	36	17	53	8,432	18,044	2,957,560
Nice	79	616	695	31	9	40	6,015	9,506	1,890,540
Orléans	143	545	688	38	11	49	8,650	11,232	3,018,560
Pantin	95	856	951	31	17	48	9,831	13,844	6,277,115
Reuilly	79	967	1,046	45	27	72	6,851	9,119	2,581,675
Riom	168	556	724	32	11	43	8,993	10,653	2,107,280
Tonneins	78	624	702	32	10	42	7,761	13,950	5,241,820
Toulouse	151	693	844	36	16	52	9,302	11,617	2,142,455

(1) Les ateliers de Limoges ne fabriquent pas de tabacs. Ce sont des ateliers de construction.

TABLEAU

Fabrications des manufactures

Quantités exprimées en poids réels pour les poudres, carottes,

Pour les Cigares, un kilogramme vénal ....

Pour les Cigarillos et les Cigarettes, un kilogramme vénal.....

MANUFACTURE de :

ESPÈCES DE PRODUITS.		BORDEAUX.	CHÂTEAUROUX.	DIEPPE.	DIJON.
Poudres		"	2,112,000	"	979,000
Carottes		"	"	"	"
Rôles		"	"	"	"
Scaferlatis	Supérieurs Maryland	212,000	"	25,000	"
	Ordinaire	1,606,000	1,496,000	1,571,000	1,957,000
	Troupe et hospice	52,000	63,000	33,000	248,000
	TOTAL	1,870,000	1,559,000	1,629,000	2,205,000
Cigares	à 0 fr. 40 et au-dessus	"	"	"	"
	à 0 fr. 30	10,000	30,000	8,000	"
	à 0 fr. 25	30,000	51,000	66,000	32,000
	à 0 fr. 20	"	3,000	"	"
	à 0 fr. 125	"	19,000	"	"
	TOTAL	40,000	103,000	74,000	32,000
Cigarillos	Supérieurs	"	"	"	"
	Ordinaires : Ninas et Medianitas	14,000	26,000	12,000	6,000
	TOTAL	14,000	26,000	12,000	6,000
Cigarettes de prix supérieurs	En tabacs d'Orient	"	"	"	"
	En tabacs de Virginie	"	"	"	"
	En tabacs noirs	"	"	"	"
Cigarettes de vente courante	Gauloises	"	"	"	"
	Élégantes et parisiennes	198,000	27,000	10,000	192,000
	Roulées	41,000	"	"	"
	TOTAUX des cigarettes	239,000	27,000	10,000	192,000
	TOTAL GÉNÉRAL	2,163,000k	3,827,000k	1,725,000k	3,414,000k
	DÉPENSES en salaires	4,898,000f	5,263,000f	3,249,000f	2,919,000f

Tableau C. 1 *bis*.

Fabrications des manufactures pendant l'année 1922.

Quantités exprimées en poids réels pour les poudres, carottes, rôles et scaferlatis, et en poids vénaux pour les autres produits.

Pour les Cigares, un kilogramme vénal .... = 250 cigares.
Pour les Cigarillos et les Cigarettes, un kilogramme vénal ..... = 1000 cigarillos ou cigarettes.

Manufacture de :

Espèces de produits.		Bordeaux.	Châteauroux.	Dieppe.	Dijon.
Poudres		"	2,112,000	"	979,000
Carottes		"	"	"	"
Rôles		"	"	"	"
Scaferlatis	Supérieurs Maryland	212,000	"	25,000	"
	Ordinaire	1,606,000	1,496,000	1,571,000	1,957,000
	Troupe et hospice	52,000	63,000	33,000	248,000
	Total	1,870,000	1,559,000	1,629,000	2,205,000
Cigares	à 0 fr. 40 et au-dessus	"	"	"	"
	à 0 fr. 30	10,000	30,000	8,000	"
	à 0 fr. 25	30,000	51,000	66,000	32,000
	à 0 fr. 20	"	3,000	"	"
	à 0 fr. 125	"	19,000	"	"
	Total	40,000	103,000	74,000	32,000
Cigarillos	Supérieurs	"	"	"	"
	Ordinaires : Ninas et Medianitas	14,000	26,000	12,000	6,000
	Total	14,000	26,000	12,000	6,000
Cigarettes de prix supérieurs	En tabacs d'Orient	"	"	"	"
	En tabacs de Virginie	"	"	"	"
	En tabacs noirs	"	"	"	"
Cigarettes de vente courante	Gauloises	"	"	"	"
	Élégantes et parisiennes	198,000	27,000	10,000	192,000
	Roulées	41,000	"	"	"
	Totaux des cigarettes	239,000	27,000	10,000	192,000
	Total général	2,163,000 k	3,827,000 k	1,725,000 k	3,414,000 k
	Dépenses en salaires	4,898,000 f	5,263,000 f	3,249,000 f	2,919,000 f

Espèces de produits.		Issy.	Le Havre.	Le Mans.	Lille.	Lyon.	Marseille.	Morlaix.
Poudres		"	"	"	"	"	"	1,243,000
Carottes		"	"	"	"	"	"	740,000
Rôles		"	"	"	66,000	73,000	"	172,000
Scaferlatis	Supérieurs Maryland	99,000	214,000	318,000	176,000	162,000	207,000	"
	Ordinaire	1,494,000	1,077,000	1,644,000	2,970,000	1,549,000	708,000	1,620,000
	Troupe et hospice	"	53,000	62,000	71,000	96,000	37,000	78,000
	Total	1,593,000	1,344,000	2,024,000	3,217,000	1,807,000	1,132,000	1,698,000
Cigares	à 0 fr. 40 et au-dessus	"	"	"	"	"	"	"
	à 0 fr. 30	10,000	"	"	5,000	"	5,000	11,000
	à 0 fr. 25	6,000	6,000	"	50,000	11,000	36,000	53,000
	à 0 fr. 20	"	52,000	"	2,000	"	"	"
	à 0 fr. 125	"	"	"	"	"	46,000	"
	Total	16,000	58,000	"	57,000	11,000	87,000	64,000
Cigarillos	Supérieurs	"	"	"	"	"	"	"
	Ordinaires : Ninas et Medianitas	"	2,000	6,000	4,000	5,000	"	10,000
	Total	"	2,000	6,000	4,000	5,000	"	10,000
Cigarettes de prix supérieurs	En tabacs d'Orient	11,000	"	1,000	"	"	"	"
	En tabacs de Virginie	61,000	"	5,000	"	"	"	"
	En tabacs noirs	29,000	"	2,000	"	2,000	3,000	"
Cigarettes de vente courante	Gauloises	152,000	"	33,000	"	"	"	27,000
	Élégantes et parisiennes	462,000	266,000	602,000	60,000	315,000	242,000	161,000
	Roulées	"	"	15,000	"	16,000	2,000	"
	Totaux des cigarettes	715,000	266,000	658,000	60,000	333,000	247,000	188,000
	Total général	2,324,000 k	1,670,000 k	2,688,000 k	3,404,000 k	2,229,000 k	1,466,000 k	4,115,000 k
	Dépenses en salaires	4,747,000 f	2,869,000 f	3,475,000 f	5,966,000 f	3,210,000 f	8,728,000 f	4,591,000 f

TABLEAU

Fabrications des manufactures

Quantités exprimées en poids réels pour les poudres, carottes,

Pour les Cigares, un kilogramme vénal..................

Pour les Cigarillos et les Cigarettes, un kilogramme vénal.....

MANUFACTURE de :

ESPÈCES DE PRODUITS.		NANCY.	NANTES.	NICE.	ORLÉANS.
Poudres		″	″	″	″
Carottes		″	″	″	″
Rôles		″	″	″	″
Scaferlatis	Supérieurs Maryland	254,000	49,000	″	197,000
	Ordinaire	1,353,000	2,022,000	1,012,000	1,612,000
	Troupe et hospice	60,000	127,000	100,000	72,000
	TOTAL	1,667,000	2,198,000	1,112,000	1,881,000
Cigares	à 0 fr. 40 et au-dessus	″	″	″	″
	à 0 fr. 30	3,000	9,000	7,000	3,000
	à 0 fr. 25	17,000	43,000	37,000	30,000
	à 0 fr. 20	6,000	60,000	26,000	9,000
	à 0 fr. 125	20,000	14,000	35,000	″
	TOTAL	46,000	126,000	105,000	42,000
Cigarillos	Supérieurs	″	″	″	″
	Ordinaires : Ninas et Medianitas	3,000	14,000	7,000	2,000
	TOTAL	3,000	14,000	7,000	2,000
Cigarettes de prix supérieurs	En tabacs d'Orient	″	″	″	″
	En tabacs de Virginie	″	″	″	″
	En tabacs noirs	1,000	2,000	″	″
Cigarettes de vente courante.	Gauloises	27,000	″	″	154,000
	Élégantes et parisiennes	594,000	368,000	17,000	305,000
	Roulées	″	″	″	″
	TOTAUX des cigarettes	622,000	370,000	17,000	459,000
	TOTAL GÉNÉRAL	2,338,000[k]	2,708,000[k]	1,241,000[k]	2,384,000[k]
	DÉPENSES en salaires	4,190,000[f]	5,667,000[f]	3,576,000[f]	3,365,000[f]

TABLEAU C 1 *bis* (Suite.)

Fabrications des manufactures pendant l'année 1922.

Quantités exprimées en poids réels pour les poudres, carottes, rôles et scaferlatis, et en poids vénaux pour les autres produits.

Pour les Cigares, un kilogramme vénal .... = 250 cigares.
Pour les Cigarillos et les Cigarettes, un kilogramme vénal ..... = 1000 cigarillos ou cigarettes

ESPÈCES DE PRODUITS.	MANUFACTURE DE : NANCY.	NANTES.	NICE.	ORLÉANS.	PANTIN.	REUILLY.	RIOM.	TONNEINS.	TOULOUSE.	APPOINTS fournis par l'Alsace et l'Algérie.	TOTAUX.
Poudres	″	″	″	″	190,000	″	″	″	″	″	4,524,000
Carottes	″	″	″	″	″	″	″	″	″	″	740,000
Rôles	″	″	″	″	″	″	″	″	″	34,000	345,000
Scaferlatis : Supérieurs Maryland	254,000	49,000	″	197,000	″	″	170,000	″	178,000	″	2,351,000
Scaferlatis : Ordinaire	1,353,000	2,022,000	1,012,000	1,612,000	744,000	35,000	3,248,000	1,970,000	1,754,000	3,339,000	34,871,000
Scaferlatis : Troupe et hospices	60,000	127,000	100,000	72,000	″	″	36,000	46,000	41,000	120,000	1,395,000
TOTAL	1,667,000	2,198,000	1,112,000	1,881,000	744,000	35,000	3,454,000	2,016,000	1,973,000	3,459,000	38,617,000
Cigares : à 0 fr. 40 et au-dessus	″	″	″	″	27,000	89,000	″	″	″	3,000	119,000
Cigares : à 0 fr. 30	3,000	9,000	7,000	3,000	29,000	6,000	″	6,000	5,000	96,000	243,000
Cigares : à 0 fr. 25	17,000	43,000	37,000	30,000	″	″	14,000	38,000	41,000	15,000	576,000
Cigares : à 0 fr. 20	8,000	60,000	26,000	9,000	″	″	″	16,000	2,000	″	176,000
Cigares : à 0 fr. 125	20,000	14,000	35,000	″	″	″	″	23,000	9,000	″	166,000
TOTAL	46,000	126,000	105,000	42,000	56,000	95,000	14,000	83,000	57,000	114,000	1,280,000
Cigarillos : Supérieurs	″	″	″	″	25,000	″	″	″	″	″	25,000
Cigarillos : Ordinaires : Ninas et Medianitas	3,000	14,000	7,000	2,000	15,000	″	2,000	14,000	3,000	″	145,000
TOTAL	3,000	14,000	7,000	2,000	40,000	″	2,000	14,000	3,000	″	170,000
Cigarettes de prix supérieurs : En tabacs d'Orient	″	″	″	″	″	″	″	″	″	8,000	20,000
Cigarettes de prix supérieurs : En tabacs de Virginie	″	″	″	″	″	″	″	″	″	4,000	71,000
Cigarettes de prix supérieurs : En tabacs noirs	1,000	2,000	″	″	″	″	″	″	″	″	39,000
Cigarettes de vente courante : Gauloises	27,000	″	″	154,000	″	″	93,000	″	135,000	123,000	744,000
Cigarettes de vente courante : Élégantes et parisiennes	594,000	368,000	17,000	305,000	9,000	″	450,000	6,000	220,000	1,256,000	5,700,000
Cigarettes de vente courante : Roulées	″	″	″	″	″	″	″	″	″	17,000	90,000
TOTAUX des cigarettes	622,000	370,000	17,000	459,000	9,000	″	543,000	6,000	355,000	1,408,000	6,724,000
TOTAL GÉNÉRAL	2,338,000k	2,708,000k	1,241,000k	2,384,000k	1,039,000k	120,000k	4,018,000k	2,118,000k	2,388,000k	5,015,000k	52,400,000k
DÉPENSES en salaires	4,190,000f	5,607,000f	3,576,000f	3,365,000f	5,171,000f	5,581,000f	3,429,000f	3,157,000f	3,891,000f	″	″

Tableau C II.

Salaires moyens des ouvriers dans les différentes manufactures.

MANUFACTURES.	SALAIRES MOYENS							
	DES OUVRIERS.				DES OUVRIÈRES.			
	1913.	1921.	1922.	1923.	1913.	1921.	1922.	1923.
Bordeaux	6f 84c	24f 82c	25f 87c	24f 99c	4f 81c	20f 30c	18f 88c	18f 49c
Châteauroux	6 41	23 17	22 96	22 73	4 42	17 28	16 03	15 72
Dieppe	6 34	25 00	24 88	24 66	4 20	19 07	17 57	17 76
Dijon	7 02	24 47	24 32	24 95	4 60	19 22	17 80	17 86
Issy	8 70	26 75	26 40	26 53	6 57	21 41	20 98	21 25
Le Havre	6 91	24 92	26 31	25 83	4 69	20 44	19 16	19 59
Le Mans	6 93	25 03	23 92	24 01	4 43	20 21	18 64	19 01
Lille	6 57	″	24 64	24 72	4 68	″	19 46	20 26
Limoges	8 37	30 84	30 75	30 86	3 31	″	″	″
Lyon	7 50	25 36	25 32	25 61	4 98	20 24	19 51	19 91
Marseille	7 08	25 48	25 56	25 48	4 64	19 63	18 72	18 56
Morlaix	5 76	25 68	23 51	23 03	4 15	17 26	16 85	18 02
Nancy	7 21	25 53	25 27	25 03	4 71	20 35	18 43	19 14
Nantes	7 20	24 14	25 98	24 86	4 40	19 31	18 86	18 83
Nice	7 58	25 75	27 01	25 89	4 23	19 54	19 30	18 32
Orléans	6 69	24 68	25 01	24 64	4 68	19 31	18 07	18 56
Pantin	8 39	27 29	27 19	27 44	6 16	22 05	21 24	22 26
Reuilly	8 37	27 60	28 17	27 32	5 91	21 32	20 89	21 65
Riom	6 64	22 96	23 04	23 03	4 05	18 21	17 27	17 89
Tonneins	5 94	22 03	22 28	23 02	4 13	18 08	16 68	16 88
Toulouse	6 57	23 65	23 76	24 09	3 95	18 38	17 44	17 71

Tableau C III.

Nombre de variétés mises en vente.

Fabrications de la Régie.

VARIÉTÉS.	EN 1910.	EN 1918.	EN 1924.
Poudre	2	2	3
Carottes	1	1	1
Rôles	2	2	2
Scaferlatis	7	7	9
Cigarettes	45	52	71
Cigares	21	21	32

La Régie vend en outre des scaferlatis et de la poudre pour troupes et pour hospices.

PRODUITS ÉTRANGERS MIS EN VENTE EN 1924 :

Poudre	2	Cigarettes	88
Scaferlatis	6	Cigares	95

TABLEAU C IV.

NOMS des MANUFACTURES.	DATE de CRÉATION	DATE des PRINCIPAUX AGRANDISSEMENTS et des travaux importants de réparation.	OBSERVATIONS.
BORDEAUX	Ancienne poste aux chevaux.	1909, 1910, 1923	
CHÂTEAUROUX	1857	1907, 1912, 1913, 1922	
DIEPPE	1774	"	
DIJON	1882	1910	
ISSY	1900	1906	
LE HAVRE	Bâtiments ayant plus de deux siècles d'existence.	"	
LE MANS	1878	1910	
LILLE	"	"	
LYON-PERRACHE	Ancienne imprimerie.	Nouvelle manufacture en construction sur un autre emplacement.	
MARSEILLE	1863	1879, 1900, 1911	
MORLAIX	1740	1867, 1883, 1922	
NANCY	1866	1919	
NANTES	1861	"	
NICE	1876	1877	
ORLÉANS	1884 Ateliers provisoires.	1889, 1895, 1897, 1899	
PANTIN	1877	1889, 1886, 1919	
REUILLY	1859	1874, 1883, 1903, 1906	
RIOM	1878	1907, 1923	
TONNEINS	1867	1914	
TOULOUSE	1888	1906	
LIMOGES	Création des ateliers 1886	1889, 1891, 1901, 1908, 1913	

Tableau D.

État des dépenses qu'entraîne la vente des tabacs.

(Service des Contributions indirectes.)

ANNÉES.	TRAITEMENT DES ENTREPOSEURS. Remise sur la vente des tabacs de luxe. Frais de commission et de bureau. France et Algérie.	LOYER des ENTREPÔTS.	ACHATS D'USTENSILES. Instruments. Meubles.	FRAIS DE TRANSPORT des tabacs.	TOTAL des DÉPENSES.
	fr.	fr.	fr.	fr.	fr.
1912	〃	〃	〃	〃	〃
1914	876,540	485 131	281	1,246,628	2,608,580
1915	869,165	465,756	69	1,384,575	2,719,565
1916	866,907	468,612	2,004	1,472,633	2,810,156
1917	874,009	470,639	28	1,351,478	2,696,154
1918	877,548	464,588	116	1,687,865	3,029,917
1919	1,836,250	486,950	3,900	2,391,200	4,718,300
1920	2,057,655	455,312	1,394	5,715,442	9,229,803
1921	3,048,570	347,307	607	6,313,328	9,709,812
1922	3,500,036	659,285	21	6,181,681	10,341,023

TABLEAU F1.

Personnel des manufactures de l'État.

TABACS.

	CADRE BUDGÉTAIRE.	EFFECTIFS.	APPOINTEMENTS.	INDEMNITÉ TEMPORAIRE.
ADMINISTRATION CENTRALE.				
Inspecteurs généraux.	5	5	De 22,000f à 25,000f	4,000f
Chefs et sous-chefs de bureau du cadre des Ingénieurs.	2	1	De 11,000f à 18,000f	De 3,000f à 2,000f
Chefs et sous-chefs de bureau du cadre de la Comptabilité.	4	4	De 11,000f à 18,000f	De 3,000f à 2,000f
Chefs et sous-chefs de bureau du cadre de la Culture.	3	3	De 11,000f à 18,000f	De 3,000f à 2,000f
Rédacteurs du cadre de la Comptabilité.	8	8	De 7,000f à 11,000f	"
Rédacteurs du cadre de la Culture.	2	2	De 7,000f à 11,000f	"
TOTAUX	24	23		
SERVICES EXTÉRIEURS.				
Manufactures.				
Ingénieurs en chef . .	24	24	De 16,000f à 20,000f	3,000f
Ingénieurs y compris les élèves - ingénieurs.	41	38	6,000f élèves ingénrs. De 10,000f à 14,000f ingénieurs.	3,000f – 2,000f et 0 pour les élèves-ingénieurs.
Contrôleurs des manufactures.	21	21	De 11,000f à 16,000f	De 3,000f à 2,000f
Employés commissionnés, cadre de la comptabilité.	60	56	De 4,500f à 11,000f	"
TOTAUX.......	146	139		
Culture.				
Directeurs de culture.	7	6	De 14,000f à 18,000f	3,000f
Inspecteurs et entreposeurs.	35	35	De 11,000f à 13,500f	2,000f
Contrôleurs principaux, contrôleurs et contrôleurs adjoints de culture.	108	98	De 4,500f à 11,000f	"
TOTAUX.......	150	139		

Des indemnités de résidence variant de 0 à 1,600 francs suivant les localités sont allouées en plus aux agents de tous grades.

RÉCAPITULATION.

Personnel du cadre des Ingénieurs........................	72	68
Personnel du cadre de la Comptabilité....................	93	89
Personnel du cadre de la Culture.........................	155	144
TOTAUX GÉNÉRAUX.................	320	301

Tableau F I *bis*.

Personnel des Manufactures de l'État.

TABACS.

DÉSIGNATION.	CADRE BUDGÉTAIRE.	EFFECTIFS.	APPOINTEMENTS.	INDEMNITÉ TEMPORAIRE.
AGENTS TECHNIQUES DU CADRE SECONDAIRE.				
Sous-ingénieurs mécaniciens..........	56	56	de 10,250f à 15,000f	Seuls les agents techniques occupés au Service central des Constructions à Paris touchent une haute paye spéciale variant suivant le grade de 600 fr. à 1,000 fr. par an.
Sous-ingénieurs des Constructions.....				
Chefs mécaniciens et conducteurs de travaux...........			de 8,000f à 12,000f	
Dessinateurs.......			de 7,200f à 12,000f	
	56	56		
AGENTS DE LA FABRICATION DU CADRE SECONDAIRE.				
Chefs de section.....	82	82	de 7,500f à 9,500f	1,000f par an.
Chefs ateliers H.....	607	580	de 3,800f à 8,000f	
Chefs ateliers F.....	300	262	de 3,800f à 6,500f	
	989	924		
POUR MÉMOIRE, CONCIERGES ET GARÇONS DE BUREAU.				
Concierges.........	25	25	de 3,800f à 5,200f	1,200 fr. à la femme du concierge.
Garçons de bureau...	26	20	de 3,800f à 5,200f	Néant.
	51	51		

Des indemnités de résidence annuelles, variant de 0 à 1,600 francs suivant les localités, sont allouées en plus à tous ces agents.

RÉCAPITULATION.

Agents techniques............................	56	56
Agents du cadre de la fabrication................	989	924
Concierges et garçons de bureau..................	51	51
Totaux généraux.............	1,096	1,031

Tableau G 1.

EXERCICE.	RECETTES TOTALES.	DÉPENSES TOTALES y compris immobilisations.	RENDEMENT BRUT.	VARIATION DE LA VALEUR DU CAPITAL, compte tenu des amortissements, des installations nouvelles et des changements survenus dans l'importance des stocks.	RENDEMENT NET.
1913	545,076,203f 87c	115,192,949f 58c	429,883,254f 29c	+ 6,457,007f 93c	436,340,262f 22c
1914	531,171,254f 39c	111,992,071f 81c	419,179,182f 58c	//	//
1915	535,042,044 31	133,994,004 93	401,048,039 38	//	//
1916	599,557,114 87	163,572,052 05	435,985,062 82	//	//
1917	708,799,603 03	228,331,560 07	480,468,042 96	//	//
1918	694,349,624 74	295,967,018 04	398,382,606 70	//	//
1919	966,027,000 15	422,228,278 99	543,798,721 16	//	//
1920	1,454,047,318 16	712,120,542 05	741,926,776 11	//	//
1921	1,604,599,622 84	564,339,750 25	1,040,259,872 59	//	//
1922	1,666,917,947 24	497,905,732 74	1,169,012,214 50	//	//
1923	1,808,488,957 99	542,504,192 05	1,265,984,765 94	//	//

VARIATION DE LA VALEUR DU CAPITAL ENTRE LE 1er JANVIER 1914 ET LE 31 DÉCEMBRE 1923.

DATE DE L'INVENTAIRE.	VALEUR DES IMMEUBLES.	VALEUR DES MACHINES.	VALEUR DU MOBILIER, des ustensiles et des fournitures.	VALEUR DES MATIÈRES PREMIÈRES.	TOTAL.
31 décembre 1913	45,216,384f 00c	7,423,380f 00c	7,740,024f 00c	108,649,548f 25c	169,029,336f 25c
31 décembre 1923	79,141,308 24	21,114,318 33	25,443,367 50	527,637,747 59	653,336,741 66
Différences	33,924,924 24	13,690,938 33	17,703,343 50	418,988,199 34	484,307,405 41

Observations : Le calcul de la variation du capital de la Régie au cours de chaque exercice de 1914 à 1923, n'a pu être fait en raison de l'impossibilité de connaître la valeur exacte des stocks de matières premières. Ce calcul n'a pu être repris qu'au 31 décembre 1923. Les amortissements des immeubles et des machines ainsi que les augmentations de valeur des postes correspondants résultant des installations nouvelles ou grosses réparations ont au contraire été portés en compte régulièrement chaque année. Les valeurs au 31 décembre 1923 résultent de ces opérations.

Tableau IV.

Comparaison des prix du scaferlati (prix d'avant-guerre et prix actuels) : vente et prix de revient.

ANNÉES.	PRIX DE VENTE AU DÉTAIL, PAR KILOGR.	PRIX DE REVIENT PAR KILOGR.
1913..................	12f 50	1f 60
1923..................	27f 50	6f 00

TROISIÈME PARTIE

ANNEXES

ANNEXE A.

OBSERVATIONS DE LA COMMISSION

chargée de l'étude des questions concernant l'organisation et le fonctionnement des monopoles des tabacs et des allumettes au sujet d'un projet de loi portant création d'un Office national des tabacs.

(Séance du 18 octobre 1924.)

Dans l'état actuel de ses travaux, la Commission n'est pas encore en mesure de déposer, sous sa forme définitive, le rapport contenant ses conclusions au sujet des améliorations à apporter au fonctionnement du monopole des tabacs. Mais le ministre des Finances, désirant connaître dès maintenant son avis au sujet de la création d'un Office national des tabacs, chargé de la gestion de ce monopole, et du projet de loi qui lui a été soumis sur sa demande par l'Administration des Manufactures de l'État (1), elle a procédé à un examen spécial de cette question et est arrivée aux conclusions suivantes :

Ainsi qu'elle l'a déclaré dans ses observations relatives à la création d'un Office national des allumettes (2), les principales défectuosités qu'elle a relevées dans le fonctionnement des monopoles ont généralement pour causes :

1° Le manque d'autorité aux divers échelons de la hiérarchie;

2° Les obstacles apportés à une véritable gestion industrielle par l'absence d'autonomie financière, et par l'extension à l'Administration des Manufactures de l'État de règlements qui peuvent avoir leur raison d'être quand ils sont appliqués à des organismes administratifs proprement dits, mais qui entravent le fonctionnement d'entreprises qui doivent être productrices.

(1) Ce projet de loi, amendé pour tenir compte des observations de l'annexe A, est inséré plus loin (annexe B).

(2) Annexe D.

La Commission ne croit pas possible de remédier bien efficacement à ces deux causes de fonctionnement défectueux dans le cadre de l'organisation actuelle du monopole.

L'absence d'autorité résulte surtout des interventions d'ordre politique auprès du ministre des Finances, qui est mal armé pour y résister. Aussi longtemps que le ministre aura dans ses attributions la gestion directe, dans tous ses détails, du monopole des tabacs, il sera conduit à prescrire, sous la pression de ces interventions, des mesures particulières qui ne seront pas toujours compatibles avec le maintien de l'autorité.

L'assujettissement de l'Administration des Manufactures de l'État aux règles de la comptabilité publique, le classement de ses dépenses dans le cadre du budget général, qui l'empêchent d'engager en temps voulu des dépenses qui seraient très productives en vue d'améliorer son matériel au fur et à mesure des progrès du machinisme, et de constituer ses approvisionnements de matières premières quand la situation des marchés présente des occasions favorables, sont également des conséquences du mode de gestion directe adopté actuellement. Il serait difficile d'obtenir que l'Administration des Manufactures de l'État, tant qu'elle sera assimilée aux administrations publiques, fût soustraite aux règles imposées d'une manière uniforme à ces dernières.

Les nouveaux régimes applicables aux tabacs que l'on peut envisager sont les suivants :

Fabrication et commerce libres avec payement d'impôt, affermage du monopole à une Société privée, Office national analogue à celui qui est prévu dans le projet de loi préparé par l'Administration des manufactures de l'État.

La première de ces solutions présente deux inconvénients particulièrement graves : il est fort douteux que dans un tel régime la culture indigène du tabac puisse rester viable ; or, il paraît conforme à l'intérêt général de conserver cette culture. D'autre part, il semble établi que, dans un régime de liberté de l'industrie et du commerce des tabacs, une grande partie des bénéfices se trouve absorbée par les intermédiaires ; en conséquence, les économies réalisables sur les frais de fabrication que l'on pourrait vraisemblablement escompter du fait du changement de régime, seraient absorbées, et au delà, par les remises des intermédiaires; dans ces conditions, ou bien pour un même revenu de l'État les prix de vente au consommateur devraient être augmentés, ou bien, ces derniers prix restant constants, le revenu de l'État sera diminué.

L'affermage d'un monopole à une société privée est une solution qui peut donner des résultats satisfaisants dans les pays où les conditions économiques et sociales lui sont favorables. Mais l'essai d'application d'un pareil système en France au monopole des allumettes, de 1875 à 1889, est fort peu encourageant. Or, s'il s'agissait des tabacs, des difficultés spéciales se présenteraient encore du fait de la culture indigène. La surveillance fiscale de cette culture, déjà impatiemment supportée par les planteurs, quand elle s'exerce au profit direct de l'État, leur deviendrait odieuse, quand elle paraîtrait s'exercer en faveur d'intérêts privés; elle pourrait devenir impossible au grand détriment du rendement du monopole.

D'ailleurs, en admettant même qu'il ne soit pas absolument démontré que l'une ou l'autre de ces solutions soit à écarter définitivement, elles ne paraissent pas susceptibles d'être appliquées dans l'état actuel de l'opinion.

C'est donc dans ces conditions que la Commission s'est ralliée à la solution d'un Office national autonome des tabacs qui, s'il ne possède pas la même liberté d'action qu'une affaire privée, peut sans doute beaucoup mieux que le monopole actuel, adopter des méthodes plus proches de celles qui font le succès des entreprises particulièrement bien gérées.

Le Parlement et le Ministre conserveront, comme il est légitime, la haute surveillance sur l'entreprise, mais ils n'interviendront plus comme actuellement dans les moindres détails de la gestion. L'Office pourra ainsi réaliser, en grande partie tout au moins, les améliorations que la Commission préconisera dans son rapport général, rapport qui sera déposé prochainement.

Toutefois, pour qu'un tel résultat puisse être envisagé, il sera nécessaire d'entourer le fonctionnement de l'Office d'un certain nombre de précautions indispensables, qui doivent figurer dans la loi en vertu de laquelle il sera créé. La Commission estime que le projet de loi qu'elle a examiné doit être amendé et complété dans ce but.

Elle a donc discuté et adopté une nouvelle rédaction pour divers articles ; elle est ainsi arrivée à un texte qui est joint au présent rapport.

Les principales différences résident surtout en ce que, au lieu de laisser à des règlements d'administration publique le soin de compléter la loi sur certains points, tels que les pouvoirs du Conseil d'administration et les questions de personnel, la Commission, en raison de l'importance primordiale qu'elle attachait à ces questions, a tenu à ce que les précisions nécessaires figurent dans le texte même de la loi.

Le Conseil d'Administration doit notamment pouvoir proposer des modifications aux régimes actuels de la culture et de l'achat des tabacs indigènes, qui sont provisoirement maintenus dans le projet mais qui donnent lieu à des critiques qui seront développées dans le rapport général de la Commission.

En dehors de ces précisions et de quelques modifications de rédaction, les seuls changements importants apportés au projet préparé par l'Administration des Manufactures de l'État sont les suivants :

Le taux d'intérêt prévu pour les avances a été modifié pour être rendu plus comparable à ceux qui sont en usage actuellement.

La clause de l'article 5 relative à l'assujettissement des obligations émises par l'Office aux taxes de droit commun a été supprimée; ces taxes leur seront applicables *de plano* si aucune disposition spéciale ne les en exempte, et il ne semble pas opportun de décider *a priori* qu'aucune disposition de ce genre ne serait prise si l'intérêt de l'État le commandait.

Il a paru inutile de faire nommer par décret un agent comptable et un caissier général ; les comptes devant être soumis à une commission de contrôle nommée elle-même par décret, la régularité des opérations de comptabilité et de trésorerie se trouve garantie dans des conditions suffisantes, et il a paru préférable de laisser entièrement au Conseil d'Administration de l'Office l'autorité sur son caissier général et son chef de comptabilité, en même temps que la responsabilité de leurs opérations.

Dans l'article 10 (nouvelle rédaction), des prévisions nouvelles ont été apportées, et les stipulations relatives aux débits de tabac ont été modifiées pour tenir compte de la situation des recettes buralistes.

Les clauses relatives au partage d'une partie des bénéfices nets ont paru devoir être remaniées profondément. La Commission pense qu'un Conseil d'Administration chargé de répartir des bénéfices entre ses membres et certaines catégories seulement de personnel pourrait se trouver dans une situation délicate et difficile. Elle propose donc :

1° En ce qui concerne le Conseil d'Administration, de supprimer la participation aux bénéfices et de lui allouer une rémunération fixe, d'ailleurs très modérée.

2° En ce qui concerne le personnel supérieur et les agents de toutes catégories inventeurs ou novateurs, de remplacer la participation aux bénéfices par des gratifications qui seraient prélevées sur un crédit inscrit à l'état de prévision des dépenses.

3° En ce qui concerne les œuvres de prévoyance et d'assistance, de maintenir une participation aux bénéfices nets.

La Commission appelle enfin l'attention du Ministre sur la nouvelle situation créée à l'Office national des allumettes en projet, par la création d'un Office national des tabacs. Elle estime que les deux organismes doivent être entièrement indépendants, il n'y avait d'autre raison de les rapprocher que la forme administrative de leur gestion et la communauté de leur but fiscal.

On doit prévoir d'ailleurs que l'entente sera facile entre eux pour l'utilisation en commun de certains rouages afin d'obtenir une réduction de frais généraux; mais toute liberté doit être laissée aux deux Conseils d'administration dans la conclusion de ces ententes.

Toutes les modifications au projet de loi relatif à l'Office des tabacs qu'après étude approfondie la Commission a jugé indispensable de recommander au Ministre des Finances devraient être également introduites dans le projet de loi sur l'Office national des allumettes, en ce qui concerne notamment : les précisions données à la détermination des pouvoirs du Conseil d'administration, les mesures relatives au personnel et les dispositions concernant les bénéfices.

En émettant l'avis qui précède, la Commission tient à préciser que son adhésion à la création d'un Office national des tabacs est subordonnée à l'introduction dans le projet des dispositions dont elle a cru devoir prendre l'initiative et notamment de celles qui sont relatives aux pouvoirs du Conseil d'Administration et au régime du personnel.

Le système de gestion actuelle du monopole lui paraîtrait même préférable à l'institution d'un Office dont le fonctionnement ne serait pas entouré des garanties prévues dans le projet qu'elle a proposé. Il serait dangereux de donner à l'opinion publique l'illusion d'avoir réalisé un progrès par une transformation de régime, qui, si elle n'est pas entourée des garanties nécessaires, ne pourrait être qu'inopérante.

ANNEXE B.

PROJET DE LOI

sur la création d'un Office national autonome des tabacs (1).

TITRE PREMIER.

Régime financier.

ARTICLE PREMIER.

Le monopole de l'achat, de la fabrication et de la vente des tabacs est constitué en Office national rattaché au Ministère des Finances.

Les dispositions législatives concernant la culture et l'achat des tabacs indigènes restent en vigueur.

Les décrets, arrêtés et règlements d'administration publique à prendre en vertu de ces dispositions devront être au préalable soumis pour avis par le Ministre des Finances au conseil d'administration de l'Office, conseil dont la création est prévue à l'article ci-après.

L'Office national se substituera à l'Administration des Manufactures de l'État dans ses relations avec le Service des tabacs d'Alsace et de Lorraine, soit dans l'état actuel du fonctionnement de ce service, soit en cas d'extension du monopole des tabacs à l'Alsace et à la Lorraine.

Les contraventions en matière de culture, de fabrication, d'importation et de circulation des tabacs en feuilles ou des tabacs fabriqués continuent à être constatées et réprimées suivant la législation actuelle en vigueur.

L'Office fera assermenter ceux de ses agents qui par l'exercice de leurs fonctions pourraient être conduits à dresser des procès-verbaux judiciaires.

(1) Projet de loi amendé pour tenir compte des observations de l'annexe A. Les modifications apportées au projet primitif sont en italiques.

ART. 2.

L'Office national des tabacs est un établissement public jouissant de la personnalité civile et de l'autonomie financière.

Il est administré par un conseil d'administration dont la composition *et les pouvoirs* sont définis aux articles 13 *et* 15 ci-après.

ART. 3.

Le capital de l'Office national des tabacs est constitué d'une part par la valeur des biens, meubles et immeubles et par celle du matériel d'exploitation, d'autre part, par la valeur des approvisionnements en matières premières, fournitures diverses et produits fabriqués appartenant au monopole des tabacs à la date où l'Office commencera à fonctionner et qu'il prendra en charge à cette date.

L'évaluation de ce capital sera effectuée par une commission qui comprendra, à nombre égal, d'une part, des délégués du Conseil d'administration de l'Office, et, d'autre part, des représentants du Ministre des Finances.

En cas de désaccord, la Commission devra recourir à un arbitrage : à défaut d'entente pour le choix du ou des arbitres, la désignation en sera faite par le Président du tribunal civil.

L'Office remboursera à l'État la valeur des immeubles en 30 annuités égales, celle du matériel d'exploitation en 10 annuités égales. Il ne sera pas tenu de rembourser la valeur des approvisionnements. Il paiera à l'État un intérêt annuel de 5 o/o pour la valeur du capital non remboursé.

Les charges d'amortissement et d'intérêt de ce capital figureront parmi les dépenses d'exploitation.

ART. 4.

En attendant que puissent être faits des prélèvements sur les fonds de réserve ou d'approvisionnement prévus à l'article 11 ci-après, le capital pourra être augmenté par des émissions d'obligations qui devront être amorties dans un délai maximum de cinquante ans.

Le produit de ces émissions pourra être utilisé pour faire face aux dépenses de premier établissement ou pour l'augmentation du fonds de roulement si les nécessités de la fabrication l'exigent.

Le montant total des obligations que l'Office sera autorisé à émettre sera fixé par la loi.

Le service de l'intérêt et de l'amortissement sera garanti par l'État français.

ART. 5.

Le montant et l'époque des émissions, la nature, la forme et le mode de transfert des titres, le mode et les époques d'amortissement et de payement des intérêts seront déterminés par le Ministre des Finances sur la proposition du Conseil d'administration.

Les obligations émises par l'Office national des tabacs pourront être affectées aux réemplois et placements spécifiés par l'article 29 de la loi du 16 septembre 1871. Elles seront assimilées aux valeurs de l'Etat français pour les emplois prévus à l'article 19 de la loi du 9 avril 1881 et aux articles 1er, 6 et 10 de la loi du 20 juillet 1895.

Les fonds libres provenant des émissions d'obligations et les disponibilités de caisse seront versés en compte courant au Trésor; les intérêts de ce compte seront calculés d'après le taux pour cent adopté pour les bons du Trésor à 3 mois diminué de 1/2.

ART. 6.

En attendant la réalisation des émissions autorisées, le Ministre des Finances peut faire à l'Office national des avances sur les ressources de la Trésorerie jusqu'à concurrence du restant à émettre sur le maximum des émissions autorisées par la loi.

Le taux de l'intérêt payé par l'Office pour les avances sera celui des bons du Trésor à un an, augmenté de 1/2 p. o/o.

ART. 7.

Un état de prévision de recettes et de dépenses est dressé pour chaque exercice par le Conseil d'administration, et soumis à l'approbation du Ministre des Finances *le 1er août au plus tard.*

Il est communiqué au 1er octobre au plus tard, aux commissions financières des deux Chambres.

ART. 8.

Les comptes de l'Office sont divisés en deux sections :

La première relative à l'exploitation, la seconde aux immobilisations.

La comptabilité est tenue en partie double suivant les usages du commerce et de l'industrie.

Elle n'est soumise ni aux règles de la comptabilité publique ni au contrôle des dépenses engagées.

Un règlement d'administration publique élaboré après avis du Conseil d'administration de l'Office fixera le détail de la comptabilité en tenant compte des prescriptions des paragraphes précédents.

Les comptes sont vérifiés par une commission de contrôle financier nommée par décret sur la proposition du Ministre des Finances. Toutes pièces et documents nécessaires à l'exercice de ce contrôle devront être mis, sur place, à la disposition des membres de la commission, sur simple demande adressée par eux au chef du service compétent.

ART. 9.

Les maxima respectifs du prix de vente *en France* aux consommateurs des tabacs ordinaires (scaferlati ordinaire, poudre ordinaire, rôles ordinaires) continueront à être fixés par la loi.

Le Ministre des Finances, après avis ou requête du Conseil d'administration de l'Office, pourra demander aux Chambres de modifier ces maxima.

Le prix *appliqué pour la vente en France* aux consommateurs des tabacs ordinaires *dans la limite* de ces maxima, et le prix de vente *en France*, des autres espèces de produits seront fixés par décrets rendus sur la proposition du Ministre des Finances, après avis ou requête du Conseil d'administration de l'Office.

Les prix en vigueur au moment de la création de l'Office resteront en vigueur jusqu'à ce que, par application de la procédure exposée dans les paragraphes précédents, il en soit disposé autrement.

Les prix de vente à l'exportation de tous les produits sont fixés par le Conseil d'administration de l'Office.

ART. 10.

Chaque mois, l'Office versera au budget général de l'État une redevance calculée en appliquant un pourcentage déterminé à la valeur de vente au détail des divers produits vendus au cours du mois précédent.

Les pourcentages visés ci-dessus seront différents pour chacune des catégories de produits : tabacs à priser, à mâcher, à fumer, cigarettes, cigares et cigarillos.

La commission, dont la création est prévue à l'article 3, déterminera ces pourcentages. Ils seront fixés de telle sorte qu'appliqués aux ventes du monopole dans la dernière année de sa gestion, ils conduisent à une redevance égale au *rendement* net *obtenu* au cours de *la dite année, compte tenu de toutes les charges qui incomberont à l'Office et que le monopole n'avait pas à supporter, et compte tenu également des charges qui resteraient au budget général de l'Etat.*

Les pourcentages déterminés conformément aux stipulations du paragraphe précédent seront rectifiés *en tant que de besoin, et notamment en cas de modification du prix de vente des tabacs*, soit sur la requête du Ministre, soit sur la requête du Conseil d'administration de l'Office; *à défaut d'entente* une commission composée et fonctionnant comme celle prévue à l'article 3 *déterminerait les nouveaux pourcentages.*

En sus de la redevance prévue au premier paragraphe, l'Office versera chaque mois, à titre de fonds de concours pour la dotation des bénéficiaires actuels des débits de tabacs, ou de ceux qui ultérieurement auraient pu en obtenir le bénéfice, une redevance égale au douzième du montant des sommes dont ont bénéficié pendant la dernière année d'exploitation du monopole les titulaires de débits de tabacs.

Sous réserve de ce qui est dit aux paragraphes 8 et 9 du présent article, la création des débits de vente et le choix des débitants seront effectués à l'avenir par l'Office sous sa pleine autorité.

Les débitants de tabacs seront rétribués par des remises sur les prix de vente aux consommateurs, dont les taux seront fixés par le Conseil d'administration de l'Office.

L'Office devra respecter la situation des titulaires actuels des bureaux de tabacs gérant eux-mêmes leurs comptoirs de vente ainsi que les contrats en cours passés avec les gérants.

En ce qui concerne les bureaux de tabacs annexés aux recettes buralistes, les dispositions des paragraphes 6 et 7 ci-dessus ne seront applicables que réserve faite des droits appartenant aux receveurs buralistes par application des textes législatifs et réglementaires actuellement en vigueur ou de ceux qui pourraient leur être substitués.

Les redevances établies par le présent article seront portées en dépense dans la première section des comptes de l'Office.

ART. 11.

Chaque année, l'excédent des recettes sur les dépenses de la première section (exploitation) représentera le produit brut de l'exercice.

Un règlement d'administration publique déterminera, après avis du Conseil d'administration de l'Office, la destination à donner en fin d'exercice à ce produit brut.

Ce règlement devra prévoir que, sur ce produit brut, on déduira d'abord les charges d'amortissement des acquisitions, constructions de bâtiments et installations effectuées depuis la création de l'Office, et que sur le solde on prélèvera :

1° Un fonds d'approvisionnement en matières premières et en matériel;

2° Un fonds de réserve.

Le solde restant, après ces déductions et prélèvements, constituera le produit net.

Sur ce produit net, 20 p. 100 seront attribués aux œuvres de prévoyance et d'assistance concernant le personnel, sans que la somme ainsi attribuée puisse dépasser 10 p. 100 des salaires annuels des catégories de personnel appelées à en bénéficier.

La somme ainsi attribuée viendra s'ajouter aux crédits inscrits, à l'état de prévisions de dépenses, pour les institutions en faveur du personnel.

La répartition de cette somme sera faite par le conseil d'administration, qui aura toute autorité pour prescrire les mesures de contrôle voulues pour que les allocations ainsi faites soient exactement employées conformément à leur destination.

Le reliquat du produit sera versé au budget général de l'État.

ART. 12.

Le Conseil d'administration rend compte, chaque année, de sa gestion au Ministre des Finances par un rapport présenté avant le 1er avril qui est, ainsi que l'inventaire, le bilan et le compte de profits et pertes, annexé aux comptes généraux d'exploitation et de premier établissement. Ces comptes sont vérifiés par la commission prévue à l'article 8, transmis par elle au Ministre des Finances, et approuvés par le Parlement.

TITRE II.

Administration.

—

ART. 13.

L'Office est administré par un Conseil d'administration composé de neuf membres, savoir :

Trois membres représentant le Ministre des finances;

Trois membres choisis parmi les personnalités de l'agriculture, du commerce et de l'industrie, et de la finance;

Trois membres élus par le Conseil consultatif de l'Office prévu à l'article 17 ci-après.

Les membres non élus du Conseil sont nommés par décret rendu sur la proposition du Ministre des Finances.

Le Ministre désigne, parmi les membres du Conseil d'administration, celui qui exerce les fonctions de président.

Le Conseil d'administration est renouvelé par tiers tous les deux ans, les membres sortants peuvent être désignés de nouveau.

Aucun membre du Conseil ne peut être en même temps membre du Parlement, ni administrateur, ni au service d'une entreprise fournisseur de l'Office national des Tabacs.

Les fonctions de membre du Conseil d'administration sont rétribuées à raison de 12,000 francs par an pour chaque membre et de 24,000 francs pour le président. Ces rétributions sont portées en dépense aux frais généraux d'exploitation.

Le Conseil se réunit au moins une fois par mois.

ART. 14.

Le Directeur général de l'Office est nommé, sur la proposition du Conseil d'administration, par décret rendu sur le rapport du Ministre des Finances.

Il ne peut être remplacé que sur la proposition du Conseil d'administration par un nouveau décret rendu dans la même forme.

ART. 15.

Le Conseil d'administration est investi des pouvoirs les plus étendus pour la gestion et l'administration de l'Office, et notamment des suivants qui sont indicatifs et non limitatifs :

Il dresse l'état de prévision des recettes et des dépenses; arrête les propositions à faire au Ministre des Finances relativement aux émissions d'obligations; détermine le montant des prélèvements à effectuer sur les fonds d'approvisionnements, ou de réserve.

Il fait choix du Directeur général dont il propose la nomination au Ministre, et fixe ses émoluments.

Il arrête les conditions de recrutement du personnel de toutes les catégories, fixe sa consistance et ses attributions, les conditions de son emploi et de sa rémunération. Il nomme, sur la proposition du Directeur général, les agents supérieurs de l'Office. Il prononce les révocations des titulaires d'emploi dont la nomination lui appartient, et propose au Ministre celle du Directeur général.

Il peut allouer des gratifications, dont il détermine le taux, au Directeur général, au personnel supérieur et aux agents de toutes catégories, inventeurs ou novateurs ayant proposé ou réalisé des améliorations ou des innovations qui auront eu pour résultat d'augmenter les bénéfices de l'Office ou la redevance payée à l'Etat.

Il propose au Ministre des Finances les modifications à introduire dans les lois et décrets relatifs à la culture et à l'achat des tabacs indigènes.

Il est appelé à donner son avis sur les projets relatifs à ces objets, qui émaneraient de l'initiative du Ministère ou du Parlement.

Il arrête les programmes et conditions générales d'achat des tabacs en feuilles exotiques et des fournitures.

Il décide la création ou les agrandissements des établissements de l'Office, ou leur aliénation, et les transformations d'outillage; il arrête les programmes de fabrication.

D'une manière générale il représente l'Office national des Tabacs activement et passivement pour toutes choses, tant à l'égard des tiers que devant toutes juridictions et auprès de toutes Administrations.

ART. 16.

Le Conseil d'administration peut déléguer, par mandats spéciaux, pour un ou plusieurs objets déterminés, ses pouvoirs, soit à l'un de ses membres, soit au Directeur général de l'Office, soit à des personnes désignées par lui.

ART. 17.

Il est constitué un Conseil consultatif de l'Office national des Tabacs, composé de vingt-cinq membres, savoir :

4 membres du Parlement;

1 membre du Conseil d'Etat;

1 membre de la Cour des Comptes;

2 représentants du Ministre des Finances;

4 membres choisis parmi les personnalités de l'agriculture, du commerce, de l'industrie et de la finance;

Le Directeur général de l'Office;

1 représentant des grossistes (organisme à créer), ou des Entreposeurs de tabacs fabriqués;

1 représentant des débitants de tabacs;

2 représentants élus des planteurs de tabacs indigènes;

8 représentants du personnel de l'Office, élus pour chaque catégorie de personnel, à raison de :

2 représentants pour le personnel ouvrier,

1 représentant pour le personnel des chefs d'atelier,

1 représentant pour les agents techniques,

1 représentant pour les employés du cadre administratif,

1 représentant pour les agents de la culture correspondant à la première série actuelle,

1 représentant pour les agents de la culture correspondant à la deuxième série actuelle;

1 représentant pour le personnel technique supérieur.

Le Ministre des Finances nomme les membres non élus de ce Conseil et désigne son président.

Les membres du Conseil consultatif sont nommés ou élus pour quatre ans. Les membres sortants peuvent être désignés de nouveau. Des membres suppléants peuvent être désignés suivant les mêmes formes dans les diverses catégories.

Le Conseil consultatif est appelé à donner son avis sur les questions qui lui sont soumises par le Conseil d'administration.

Il peut prendre l'initiative d'adresser au Conseil d'administration des propositions ou des vœux d'ordre général, mais *sans pouvoir s'ingérer dans les détails du fonctionnement de l'Office.*

Il nomme trois membres du Conseil d'administration, qui peuvent être pris dans son sein sous réserve des incompatibilités prévues à l'article 13.

Le Conseil consultatif se réunit aussi souvent qu'il est nécessaire sur la convocation de son président.

La réunion est de droit lorsqu'elle est demandée par le tiers au moins des membres du Conseil.

Les fonctions de membre du Conseil consultatif sont gratuites.

Mesures relatives au personnel.

ART. 18.

Pour le recrutement de son personnel et ses relations avec lui, l'Office national des Tabacs ne sera soumis qu'aux lois et décrets applicables à l'industrie et au commerce privés.

Toutefois, à titre de mesure transitoire, le personnel de toutes catégories de l'Administration des Manufactures de l'État et de celle des Contributions Indirectes, utilisé pour le service des tabacs au moment de la création de l'Office, continuera d'être utilisé par ce dernier.

Les agents de toutes catégories, appartenant à cet ancien personnel auront, en ce qui concerne les conditions de stabilité de leur emploi et de leurs retraites, le droit d'option entre les règlements nouveaux établis par le Conseil d'administration de l'Office et le régime qui leur était garanti par les lois et décrets en vigueur.

Les charges des retraites pour ces diverses catégories d'agents seront supportées par l'Office et le budget général de l'État, au prorata des années de service passées par les ayants droit au service direct de l'État et au service de l'Office.

La présente loi, délibérée et adoptée par le Sénat et la Chambre des Députés, sera exécutée comme loi d'État.

ANNEXE C.

NOTE DE M. FAYOL

sur le rapport présenté par M. André CITROËN *au nom de la Commission chargée d'étudier les questions concernant l'organisation et le fonctionnement des Monopoles des Tabacs et des Allumettes.*

(Présentée à la Commission dans la séance du 28 février 1925.)

I

La Commission était chargée d'étudier l'« organisation et le fonctionnement du monopole des Tabacs »; en remplissant cette mission, elle a constaté de nombreux et graves défauts qu'elle a mis en évidence et auxquels elle a cherché à remédier. Le projet de rapport qui nous est soumis est un exposé lumineux de ces travaux.

Le développement considérable pris par les manufactures de tabacs fait du monopole une très grosse entreprise industrielle. Cette qualité devait naturellement retenir l'attention de la Commission; et, en fait, ses travaux portent presque entièrement sur les problèmes techniques, commerciaux, financiers et administratifs que soulève le fonctionnement des manufactures.

Les principaux vices que le rapporteur a signalés sont :

1° Mauvaise organisation de la direction supérieure, attribuée au Ministre des Finances incompétent, instable, doté de la presque totalité des pouvoirs, mais incapable de les exercer utilement;

2° Absence d'autorité de tous les autres chefs, et plus particulièrement du Directeur général des manufactures de l'État;

3° Relâchement incroyable de la discipline;

4° Étranges règles de recrutement, d'avancement et de rémunération, qui ne tiennent que médiocrement compte de la valeur et du rôle respectifs des agents;

5° Gaspillage extraordinaire de main-d'œuvre et d'intelligence;

11.

6° Incomplète utilisation des progrès techniques, tant en ce qui concerne l'outillage qu'en ce qui concerne les immeubles;

7° Formules et pratiques commerciales désuètes;

8° Comptabilité à la fois touffue et sommaire, qui ne fournit aucune indication précise sur la gestion industrielle, ni sur la gestion fiscale, etc.

Par contre, la perception de l'impôt y tient peu de place. Cependant, la perception de l'impôt est le but et la raison d'être du monopole; la question industrielle est secondaire et accessoire; et, si le monopole se trouvait être un mauvais instrument de perception, la réforme de son organisation perdrait beaucoup de son intérêt. Il ne faut pas que l'accessoire fasse perdre de vue le principal. Or, ici, le principal n'est pas de savoir si la fabrication du tabac est plus ou moins bien, ou plus ou moins mal organisée; c'est de savoir si le monopole est un bon système de perception de l'impôt.

La Commission s'est abstenue de traiter la question de principe du monopole, qu'elle a considérée comme n'étant point de son ressort. Cependant, M. Citroën a cru devoir introduire cette question dans son projet de rapport; et, après avoir fait ressortir tous les avantages que pourrait procurer à l'État le monopole réformé, il propose à la Commission de déclarer qu'aucun autre système de perception de l'impôt ne pourrait donner d'aussi bons résultats.

Il faut reconnaître que la question de maintien ou de suppression du monopole domine le débat, et que l'opinion publique sera fort déçue si elle ne trouve pas, dans le rapport de la Commission, un avis auquel le Gouvernement a déjà plusieurs fois fait publiquement allusion. Elle ne sait pas, l'opinion publique, que la Commission n'a été ni appelée à traiter cette question, ni mise en mesure de la traiter; il faut le lui dire et lui expliquer la complexité du problème du monopole.

Le Monopole des Tabacs est une entreprise industrielle et commerciale exploitée par l'État, en régie directe, dans un but fiscal. Les particularités de son organisation et de son fonctionnement résultent de ces trois caractères : entreprise industrielle et commerciale, le monopole participe des entreprises privées de même nature; entreprise exploitée par l'État en régie directe, le monopole est un service public se gouvernant d'après les principes propres aux services publics; entreprise à but fiscal, le monopole tire toute sa raison d'être de la perception de l'impôt sur le tabac.

Le plan de réformation du monopole devait tenir compte de ces trois éléments de fait.

Concernant une industrie d'État, il était subordonné à l'examen des causes particulières de désordre qui y sévissent indiscutablement; concernant un procédé d'assiette et de perception de l'impôt, il supposait faire une étude approfondie de tous les procédés possibles et une comparaison de leur rendement réel ou éventuel.

II

Causes du mauvais fonctionnement des Entreprises d'État.

La plupart des réformes envisagées par la Commission sont inspirées par l'expérience industrielle. Partant de l'idée que les procédés qui réussissent dans l'industrie privée doivent également réussir dans une industrie d'État, elle conseille d'appliquer au Monopole un certain nombre de procédés techniques, commerciaux et administratifs qui ont fait leurs preuves dans les entreprises privées. Ce postulat est contestable : tel procédé qui donne d'excellents résultats dans l'industrie privée est inapplicable dans une industrie d'État, ou n'y donne que de médiocres résultats.

Il s'agit ici d'une entreprise d'État où sévissent des causes particulières de désordre administratif, qu'ignorent les industries privées. Ces causes ne se bornent pas à troubler le fonctionnement du Service; elles en entravent l'organisation. Ainsi la Commission compte que le Directeur général du Monopole, avec ou sans Office, *aura en tous points une situation semblable à celle du Directeur général d'une entreprise industrielle bien menée*, et qu'il en résultera une grande amélioration dans la marche de l'entreprise. En fait, il n'est pas certain que le Directeur général du Monopole aura la situation prévue; et, cette condition n'étant pas remplie, l'amélioration espérée du fonctionnement ne se produira pas. — Même observation pour le Conseil, dit d'administration, prévu pour l'Office National, que la Commission suppose pourvu des mêmes pouvoirs que le Conseil d'administration d'une Société anonyme.

Croire que l'administration d'une industrie d'État peut fonctionner comme l'administration d'une industrie privée est une illusion que je ne partage pas. On peut améliorer notablement la marche du Monopole; quant à rapprocher cette marche de celle d'une entreprise industrielle bien menée, ce n'est pas possible avec l'organisation actuelle de la Direction supérieure des Services publics.

Les causes qui influent sur l'organisation et le fonctionnement des entreprises sont très nombreuses. On peut diviser ces causes en deux groupes : celles dont l'action s'exerce sur toutes les entreprises, publiques ou privées, et celles qui n'agissent que sur les entreprises d'État. L'ignorance, la paresse... et tous les péchés capitaux, font partie du premier groupe; l'instabilité ministérielle, l'intervention abusive des parlementaires, l'absence de la sanction de faillite en cas de mauvaise gestion, etc., font partie du second. Selon qu'agissent les deux groupes de causes ou un seul, l'ambiance, le milieu administratif de l'entreprise se trouve très différent et les organismes administratifs s'y comportent tout autrement.

Prenez une industrie privée qui fonctionne bien, et, sans rien changer à son personnel et à son outillage, faites-en, par décret, une industrie d'État. Aussitôt, les maladies étatistes apparaîtront et elles ne tarderont pas à prendre le développement qu'on leur connaît dans les entreprises gouvernementales.

Prenez, au contraire, une industrie d'État et faites-en une industrie privée, gouvernée selon les principes et les règles de la doctrine administrative, et les maladies étatistes ne tarderont pas à disparaître.

Il en est des organismes administratifs comme des organismes animaux; ils ne se comportent pas de la même manière dans des milieux différents. — L'ouvrier n'a pas le même rendement dans un milieu sain ou dans un milieu vicié. Le bon directeur d'une grande entreprise privée perdra la plus grande partie de son efficacité en passant dans une entreprise d'État; il y a là une sorte de loi naturelle dont la Commission, à mon avis, n'a pas tenu assez compte. Ne pouvant comparer le Monopole des Tabacs à une industrie nationale analogue, qui n'existe pas, ni aux Monopoles étrangers, sur lesquels elle n'avait que très peu de renseignements, elle a cherché ses points de comparaison et ses modèles dans la grande industrie privée, et elle propose de transporter purement et simplement dans l'Administration du Monopole, des règles qui ont fait leurs preuves dans des Administrations privées.

En fait, ces mesures ne sont pas possibles, en raison de l'influence du milieu, et, si elles l'étaient, elles perdraient immédiatement leur efficacité pour la même raison.

Il faut donc tenir grand compte des influences spéciales qui agissent sur l'organisation et le fonctionnement administratif des industries d'État.

Jetons maintenant un coup d'œil sur quelques-unes de ces causes spéciales qui troublent, compliquent et mettent le désordre dans les administrations de l'État :

1° *L'instabilité ministérielle.* — L'instabilité ministérielle a une influence considérable sur la marche des industries d'État. A la tête de chacune de ces industries se trouve un Ministre, et, au-dessus, le Président du Conseil. Avec l'autorisation expresse ou tacite du Parlement, ces deux personnages politiques gouvernent l'entreprise en maîtres absolus. Le Directeur général, homme non politique, n'a que les apparences du pouvoir.

Les deux grands chefs politiques sont instables et incompétents, et, par surcroît, tellement chargés d'autres affaires importantes ou absorbantes qu'ils n'ont pas le temps de s'occuper sérieusement de ce qui se passe dans l'entreprise, sauf s'il s'agit de questions électorales. L'entreprise passe ainsi, à peu près une fois par an, d'une direction mauvaise à une autre direction mauvaise; elle est constamment sacrifiée.

Par contre, l'instabilité ministérielle n'a pas d'action directe sur les industries privées, et cela établit déjà une distinction nette entre les possibilités d'organisation et de fonctionnement des deux sortes d'industries;

2° *Une réglementation excessive.* — A mesure que le nombre des agents d'une entreprise augmente, la réglementation se complique, et, si l'on n'a pas le soin, dans des revues périodiques, d'éliminer les pièces devenues inutiles, on finit par se trouver devant un amoncellement inextricable de documents beaucoup plus gênants qu'utiles. De plus, l'autorité des chefs se trouve entravée, sinon annihilée, par une réglementation excessive.

Ce sont là des inconvénients qui ne sont point particuliers à telle ou telle sorte d'entreprise, mais qui sont attachés à toute entreprise qui compte un grand nombre d'agents; inconvénients d'autant plus sensibles que le nombre des agents est plus grand.

Une entreprise qui occupe plusieurs milliers d'agents ressent déjà assez fortement les inconvénients de la réglementation : elle peut les combattre et les atténuer si elle est industrie privée, mais si elle est industrie d'État, c'est-à-dire une branche de l'entreprise gouvernementale, elle se trouve étouffée sous le poids de la réglementation générale. Il est évident que les règles faites pour un ensemble d'un million de personnes peuvent ne pas convenir à des services qui n'occupent que quelques centaines ou quelques milliers d'agents.

Les industries d'État sont donc, sous le rapport de la réglementation, dans des conditions plus mauvaises que les industries privées;

3° *L'absence du stimulant qu'est le bénéfice pour les entreprises prospères et de la sanction de faillite pour les industries qui fonctionnent mal.*

La sanction d'une mauvaise gestion privée, c'est la ruine de l'entreprise, liquidation ou faillite; la sanction d'une mauvaise gestion publique, c'est l'accroissement des charges du contribuable.

Dans le premier cas, la responsabilité pèse sur le mauvais administrateur, dans le second, elle pèse sur un tiers, absolument irresponsable de la gestion, à moins que l'on ne fasse découler la responsabilité du peuple souverain, du choix de ses représentants.

La ruine, conséquence possible d'une mauvaise gestion, est une préoccupation intense du Chef responsable d'une grande entreprise privée; cette crainte ne hante pas les nuits des fonctionnaires publics, d'abord parce que le danger de ruine n'existe pas dans une industrie d'État, les déficits étant toujours couverts par le contribuable, ensuite parce que la responsabilité ne retombe sur personne.

Dans l'industrie privée on fera tout pour éviter cette calamité; dans le service public on n'a rien à faire contre un danger qui n'existe pas;

4° *La faiblesse devant les exigences abusives des Syndicats.*

Il y a quelques principes dont le respect s'impose à toute entreprise, sous peine de voir sa marche entravée. Tel est le principe d'autorité, qui se définit : droit de commander et pouvoir de se faire obéir.

Le droit de commander est plus apparent que réel dans les Manufactures de l'État; et le pouvoir de se faire obéir y est singulièrement réduit. Nous savons qu'il est très difficile et parfois impossible de faire exécuter un travail par l'ouvrier qui en est le plus capable, de mettre en marche une machine, d'adopter une mesure quelconque... parce que les syndicats s'y opposent. A tous les degrés de la hiérarchie, les chefs se plaignent amèrement de ne plus avoir d'autorité... : nous avons entendu le Directeur général s'écrier : « Je ne puis rien...; je suis ligoté...; je suis à l'état de momie... ».

D'où provient un tel effacement, une telle abdication?

L'expérience a appris à tout le monde qu'en cas de conflit entre le personnel dirigeant et les syndicats, l'autorité ministérielle se prononce d'habitude en faveur des syndicats. Dans la crainte d'être désavoués ou blâmés, les chefs n'osent plus commander. Ils sont d'ailleurs à peu près absolument dépourvus de tout moyen de se faire obéir.

Comme l'autorité, la responsabilité est à peu près absente du Monopole. Personne n'y est responsable de rien. Les actes mêmes qui ont les plus fortes répercussions, tels que la création du règlement des mutations, ou le maintien de la fabrication des cigarettes à la main, qui continue à gaspiller un certain nombre de millions chaque année, ou encore la fixation du salaire des ouvrières à 50 p. 100 au-dessus des salaires de l'industrie privée... ces actes, dis-je, n'ont pas d'auteur responsable.

Considérons une entreprise au capital de 150 millions de francs, faisant 500 millions d'affaires et dont le résultat financier est : 30 millions de bénéfices, dont 15 millions sont réservés à l'amortissement et aux constructions nouvelles.

A ce moment, deux syndicats interviennent: l'un, syndicat de fournisseurs, demande une augmentation de 50 p. 100 du prix de ses fournitures, soit une somme de 25 millions; l'autre, syndicat d'ouvriers, demande 50 p. 100 d'augmentation du taux des salaires, soit encore 25 millions de francs, ce qui porte à 50 millions le total des deux augmentations demandées.

Après un sérieux examen de la situation, le chef de l'entreprise est convaincu qu'il ne peut pas espérer un relèvement du bénéfice de 30 millions cité plus haut, et que les sacrifices qu'on lui demande le mettraient en perte, non seulement de la différence entre la charge nouvelle et le bénéfice actuel : 50 — 30 = 20, mais encore des 15 millions qu'il faut consacrer chaque année à l'amortissement et aux constructions nouvelles ; alors, que va-t-il faire ?

S'il s'agit d'une entreprise privée, il refusera catégoriquement les augmentations demandées, préférant, quelles que puissent être les conséquences de son refus, une liquidation, onéreuse sans doute, mais moins onéreuse qu'une marche en déficit. D'ailleurs, il a quelque espoir que la réflexion et une connaissance plus exacte de la situation amèneront les Syndicats à renoncer à leurs prétentions.

S'il s'agit d'une entreprise d'État, l'Administration subira passivement les assauts que lui livreront syndicats et parlementaires et s'inclinera, en fin de compte, devant la décision du Président du Conseil.

Ainsi, à ce point de vue particulier encore, la situation administrative d'une industrie d'État est très différente de celle d'une industrie privée. On aura beau donner des pouvoirs nominaux à un directeur général et à un Conseil, dit d'administration, le sort de l'entreprise continuera, jusqu'à nouvel ordre, à dépendre du Pouvoir politique ;

5° *L'intervention abusive des parlementaires.*

On sait que l'action du Parlement s'exerce souvent d'une façon bien fâcheuse sur l'Administration des Services publics.

Quant à l'intervention abusive des parlementaires, elle contribue fortement au désarroi qui règne dans ces services.

« Le danger véritable des monopoles publics exploités directement, écrit M. Jèze, conseiller écouté des ministres des Finances, est l'intervention des politiciens, à cause de la désorganisation des services et de l'indiscipline qu'entraîne cette immixtion. Un des principes fondamentaux de toute régie doit être *l'exclusion, aussi complète que possible,* des autorités électives dans les questions de personnel (1). »

(1) Jèze, *Cours de Science des Finances et de Législation financière française*, 5e édition, 1912 ; p. 813.

Le même auteur ajoute : « Les politiciens de profession, dont l'intrusion dans les Services publics est particulièrement désorganisatrice... (1) ».

Il est donc bien établi qu'il y a dans les industries d'État, en sus des causes générales qui existent dans les affaires privées, un ensemble considérable de causes spéciales de désordre administratif. Et, sous l'influence de ces causes combinées, il arrive parfois que le désordre administratif est tel que l'on se demande comment l'entreprise peut fonctionner encore.

III

Comparaison du régime du monopole avec le régime de liberté économique, au point de vue fiscal.

Les divers systèmes de perception de l'impôt du tabac actuellement employés dans le monde, se rangent en deux groupes, désignés l'un sous le nom de régime du monopole, l'autre, sous celui de régime de la liberté. Le premier est appliqué en France, en Italie et en Espagne; le second en Belgique, en Angleterre et aux Etats-Unis.

Le meilleur des deux systèmes est évidemment celui qui permet d'obtenir la perception la plus *sûre*, la plus *facile* et la plus *économique*, toutes choses égales d'ailleurs.

La *sûreté* dans la perception de l'impôt dépend non seulement de l'efficacité propre à chaque système, mais aussi encore de l'énergie des Pouvoirs publics et de la valeur du personnel. A ce point de vue, il semble que les deux systèmes s'équivalent théoriquement; mais en fait, d'après les renseignements qui sont venus à la Commission, c'est dans les pays anglo-saxons que sont le mieux évitées les évasions fiscales.

La *facilité* dans la perception de l'impôt résulte de la simplicité des moyens mis en œuvre; la perception sera facile si elle s'effectue sans complications injustifiées pour l'État. Or, il y a en France un organisme

(1) Jèze, *Cours de Science des Finances et de Législation financière française*, 5e édition, 1912; p. 684.

puissant, qui perçoit déjà 25 milliards et qui n'aurait évidemment pas à accroître beaucoup son personnel et son outillage pour être en mesure de percevoir 2 milliards de plus. Cet organisme, constitué par les trois grandes Régies financières de l'Enregistrement, des Contributions directes et des Contributions indirectes, fournit évidemment un moyen plus simple de percevoir l'impôt du tabac que le monopole, avec ses 18,000 ouvriers, ses 45,000 planteurs et ses 46,000 débitants, auxquels il faut ajouter toutes les complications économiques, politiques et sociales qui en dérivent.

Le point de vue *économique* fait également pencher la balance en faveur du régime libre; en admettant que les seuls frais fiscaux du monopole, tels que ceux consacrés à la surveillance de la culture, ne dépassent pas ceux que feraient les Régies financières, pour percevoir l'impôt, il reste les dépenses injustifiées du monopole. La Commission a évalué ces dépenses à une centaine de millions. Faut-il admettre que le rendement de l'impôt est réduit d'autant? Ces pertes sont-elles compensées par des avantages obtenus ailleurs? L'obscurité qui règne dans la comptabilité du monopole ne permet pas de se prononcer sur ce point. Quoi qu'il en soit, même au point de vue économique, le régime libre a de sérieux avantages sur le monopole.

Ces premières considérations, déjà importantes, sont en faveur du régime de liberté. La suivante est peut-être plus importante encore : On sait que les fonctions essentielles de l'État sont plus que suffisantes pour absorber toutes les facultés des gouvernants. Or, la suppression du monopole débarrasserait ces derniers d'une lourde charge, pour laquelle ils ne sont pas faits, et leur permettrait de se consacrer davantage à leurs fonctions essentielles. Ce serait un pas de fait vers le désencombrement de l'État.

Il y a donc de forts arguments en faveur du régime de liberté. Le fait que ce régime est pratiqué en Belgique, en Angleterre et aux États-Unis fait disparaître toute crainte de difficultés extraordinaires d'application. On peut se demander aussi comment serait accueillie, dans ces trois pays, l'idée de substituer le régime du monopole à celui de liberté.

Je ne doute pas que le monopole puisse être défendu, au point de vue de l'intérêt général, par de sérieux arguments. Je ne recherche pas ici ces arguments, mon but étant seulement d'établir que le régime du monopole ne s'impose pas *a priori* et qu'une étude complète est nécessaire pour arriver à savoir quel est le régime qui convient le mieux à notre pays.

IV

Résumé et conclusions.

La Commission a constaté que l'organisation et le fonctionnement du monopole des tabacs sont extrêmement défectueux. Une entreprise privée qui marcherait dans les mêmes conditions serait bientôt ruinée.

Les causes fondamentales de la mauvaise organisation et du mauvais fonctionnement du monopole des tabacs tiennent à la constitution même des Pouvoirs publics : c'est l'instabilité ministérielle, la réglementation excessive, l'absence de la sanction de faillite en cas de mauvaise gestion, la faiblesse devant les exigences abusives des syndicats, les influences électorales, etc.

Contre ces causes permanentes de désordre administratif les réformes proposées par la Commission n'ont qu'une action faible ou nulle. L'influence des causes de cette nature est telle qu'il est difficile d'espérer une amélioration dépassant une faible fraction de ce qui serait nécessaire pour mettre la gestion industrielle du monopole au niveau administratif de celle d'une entreprise industrielle bien menée. La marche du monopole restera donc médiocre.

Est-ce une raison suffisante pour prononcer sa condamnation?

La Commission n'est pas en mesure de répondre à cette question. Elle n'a pas les connaissances nécessaires pour pouvoir dire : le monopole est favorable ou défavorable à l'État. Elle ignore ce que coûte la gestion fiscale actuelle, ce qu'elle coûtera dans le monopole réformé et ce que coûterait la perception de l'impôt sous le régime de liberté; elle n'a aucun renseignement sur les frais de perception de l'impôt du tabac à l'étranger, soit sous le régime du monopole, soit sous le régime de liberté; elle ne peut pas affirmer qu'il est possible de remplacer le monopole par un régime plus avantageux pour l'État.

Or, on ne supprime pas un organisme utile, quels que soient ses défauts, sans avoir la certitude qu'il peut être remplacé par un organisme meilleur.

La Commission évitera donc de se prononcer sur la question de principe du monopole et remettra à une étude nouvelle le soin de la trancher.

Que fera-t-on de ses conseils? Quelles réformes effectuera-t-on? Quelles en seront les conséquences? Autant de questions qui restent obscures pour la Commission et dont elle n'aura plus à s'occuper après avoir remis son rapport.

Les probabilités sont que, grâce à une meilleure comptabilité, à des pouvoirs financiers élargis, à la simplification de ses rapports avec le Ministre, l'Administration des tabacs pourra améliorer quelque peu la marche du monopole, tout en continuant à se débattre péniblement, comme elle le fait aujourd'hui, au milieu des difficultés de personnel. Mais la question de principe du monopole ne sera pas éclaircie; on restera dans une complète incertitude sur la question de savoir si l'intérêt de l'État exige le maintien ou la suppression du monopole.

Pour fixer le sort du monopole, faut-il attendre passivement que d'aveugles courants parlementaires comme ceux qui viennent de décider, coup sur coup, en deux sens opposés, du sort du monopole des allumettes, viennent trancher celui du monopole des tabacs?

Il me semble qu'il y a une méthode plus rationnelle à suivre : avant de prendre une décision, il serait tout naturel de commencer par faire une étude comparative sérieuse entre les divers systèmes employés pour percevoir l'impôt du tabac et d'en dégager celui qui convient le mieux à l'état actuel de la France.

Le Gouvernement, éclairé, pourrait alors prendre une décision en connaissance de cause.

En déterminant le Gouvernement à faire faire cette étude, la Commission rendrait au pays un service qui ne serait pas le moindre de ceux qu'elle lui aura rendus en remplissant fidèlement et scrupuleusement sa mission.

16 février 1925.

Henri FAYOL.

ANNEXE D.

DOCUMENTS

RELATIFS

À LA CRÉATION D'UN OFFICE NATIONAL DES ALLUMETTES

I

PROPOSITION DE LOI

sur la création d'un Office national autonome des allumettes, présentée par M. Ducos, député. [1]

EXPOSÉ DES MOTIFS.

Messieurs,

Au lendemain de la victoire républicaine du 11 mai, une œuvre urgente s'impose à la nouvelle Chambre, c'est celle qui consiste à reprendre le monopole des allumettes.

Sur ce point tous les démocrates sont d'accord et il ne nous paraît pas nécessaire de nous étendre davantage.

Mais ce serait faire œuvre incomplète si, reprenant le monopole, l'État ne lui donnait pas les moyens de se développer, d'accroître son rendement, d'améliorer ses méthodes de gestion; en définitive, de donner satisfaction à la clientèle tout en augmentant la productivité de l'entreprise.

L'expérience a suffisamment démontré qu'avec les méthodes anciennes le monopole des allumettes, quelles que soient la volonté et la compétence de ses dirigeants, était voué à la stagnation.

Les règles de la comptabilité publique, notamment, ne répondent pas aux nécessités de la gestion d'une entreprise industrielle telle que la fabrication et la vente des allumettes.

La conception de l'exercice budgétaire, l'annualité et la spécialisation des crédits, la procédure des crédits de report ne peuvent être transportés dans l'industrie sans risquer de paralyser toute initiative et d'en arrêter le développement.

[1] N° 83. — Chambre des députés. — Annexe au P. V. de la séance du 6 juin 1924.

D'autre part, les Administrations sont tenues de ne pas dépasser leurs crédits de prévision. En matière industrielle, de semblables limites ne peuvent être admises. Les dépenses sont fonction de l'accroissement du volume des affaires. Ce serait risquer de compromettre le développement d'une entreprise et de tarir les bénéfices que d'adopter le système des crédits.

Ce qui importe, c'est le prix de revient; la comptabilité de l'entreprise doit être tenue de manière à le déterminer et à faire apparaître, à tout moment, les résultats de la gestion.

Pour donner au monopole des allumettes le caractère industriel et commercial sans lequel il ne pourrait ni se développer ni donner satisfaction au public, nous avons été amenés à proposer de le constituer en *Office national avec la personnalité civile et l'autonomie financière*, selon les modalités adoptées pour l'Office d'exploitation des mines de la Sarre et l'Office national de l'azote.

Tout d'abord il est une vérité qui n'a été contestée par personne : c'est qu'avec des manufactures fonctionnant industriellement et *utilisant un outillage modernisé* la production doublerait avec un prix de revient bien moins élevé. Une simple comparaison, au point de vue de la production, entre une manufacture ayant conservé son outillage archaïque et une autre dotée d'appareils nouveaux démontre nettement que si l'outillage de toutes les manufactures avait été rénové, comme cela aurait dû se faire depuis vingt ans, le rendement de l'impôt sur les allumettes serait passé du simple au double et, au lieu d'être acculée à l'importation, la France pourrait aujourd'hui faire de l'exportation.

Pour moderniser l'outillage il faudra investir les premières années, des capitaux relativement importants. C'est pourquoi nous avons prévu qu'en attendant le moment où l'Office pourra puiser dans son fonds d'amortissement ou dans son fonds de réserve il aura la faculté d'emprunter ou de recevoir des avances remboursables pour effectuer ses travaux de premier établissement.

Nous avons donné, dans le projet qui vous est soumis, à cet organisme important que sera l'Office national des allumettes toute la souplesse budgétaire et comptable qui lui est nécessaire pour adopter les méthodes de gestion qui font la prospérité des entreprises privées.

Aussi bien, n'y a-t-il en cela rien d'incompatible avec les nécessités du contrôle qui continuera à s'exercer par le Ministère des Finances et le Parlement.

Le Ministre des Finances approuve le budget (art. 8) et vérifie les comptes de gestion de l'Office (art. 13).

D'autre part il aura des délégués au sein du conseil d'administration de l'Office.

Le Parlement est appelé à ratifier les comptes. Ses Commissions financières pourront ainsi suivre la gestion de l'Office et, par les suggestions des rapporteurs, apporter les redressements qui, le cas échéant, pourraient s'imposer.

Telle est, dans ses grandes lignes, l'économie de la proposition de loi que nous avons l'honneur de vous soumettre.

Sa réalisation n'a rien de révolutionnaire. Nous n'avons fait que transporter dans un monopole industriel des méthodes qui, tous les jours, font leurs preuves dans les entreprises industrielles et commerciales.

PROPOSITION DE LOI.

TITRE PREMIER.

Régime financier.

ARTICLE PREMIER.

Le monopole de la fabrication et de la vente des allumettes est constitué en Office national rattaché au Ministère des Finances.

ART. 2.

L'Office national des allumettes est un établissement public possédant la personnalité civile et l'autonomie financière.

Il est administré par un conseil d'administration dont la composition, le rôle et les attributions sont fixés à l'article 14 de la présente loi.

ART. 3.

Le capital de l'Office national est constitué par la valeur des biens meubles et immeubles et du matériel appartenant au monopole des allumettes, lesquels seront pris en charge par l'Office national à la date de fonctionnement de cet Office.

L'évaluation de ce capital sera effectuée par une Commission qui comprendra, d'une part, des membres du Conseil d'administration de l'Office, d'autre part, des représentants du Ministère des Finances.

Le remboursement au budget général de ce capital se fera, sans intérêts, en 30 annuités égales.

ART. 4.

En attendant que puissent être faits des prélèvements sur le fonds de réserve ou le fonds d'amortissement, le capital pourra être augmenté par des émissions d'obligations qui devront être amorties dans un délai de trente années. Le produit des émissions d'obligations ne pourra être utilisé que pour les dépenses de premier établissement.

ART. 5.

Les taxes de toute nature qui frappent ou frapperont les obligations des sociétés, compagnies et entreprises françaises sont applicables aux obligations émises par l'Office national des allumettes.

Le taux et l'époque des émissions, la nature, la forme et le mode de transferts des titres, le mode et les époques d'amortissement et de payement des intérêts, ainsi que le mode de liquidation et de payement des taxes auxquelles seront soumises lesdites obligations seront déterminés par le conseil d'administration d'accord avec le Ministre des Finances.

Les obligations émises par l'Office national des allumettes pourront être affectées aux remplois et placements spécifiés par l'article 29 de la loi du 16 septembre 1871. Elles sont assimilées aux valeurs de l'État français pour les emplois prévus à l'article 19 de la loi du 9 avril 1881 et aux articles premier, 6 et 10 de la loi du 20 juillet 1895.

Les fonds libres provenant des émissions d'obligations et les disponibilités de caisse seront versés en compte courant au Trésor. Les intérêts de ce compte seront calculés d'accord avec le Ministre des Finances.

ART. 6.

En attendant la réalisation des émissions autorisées, le Ministre des Finances peut faire à l'Office national des avances sur les ressources générales de la trésorerie jusqu'à concurrence du maximum des émissions autorisé par la loi de finances.

ART. 7.

Le budget annuel de l'Office est dressé par le Conseil d'administration et approuvé par le Ministre des Finances. Il contient un crédit pour dépenses imprévues. Des crédits supplémentaires peuvent être ouverts en cours d'exercice dans les termes suivant lesquels le budget est arrêté.

ART. 8.

Le budget de l'Office comprend deux sections :

La première section comporte, notamment :

a. *En recettes :*

1° Les recettes d'exploitation proprement dites ;

2° Les produits divers autres que ceux figurant dans les recettes d'exploitation et les produits des ventes d'objets mobiliers et immobiliers ;

3° Les prélèvements éventuels sur le fonds d'amortissement et le fonds de réserve ;

4° Le produit du placement au Trésor des fonds libres provenant des émissions de bons ou d'obligations;

b. *En dépenses :*

1° Les dépenses d'exploitation proprement dites;

2° Les versements au fonds d'amortissement;

3° Les charges du capital;

La deuxième section est affectée exclusivement à des dépenses de premier établissement et aux ressources spéciales affectées à ces dépenses et comporte, notamment:

a. *En recettes :*

1° Le produit des émissions et avances visées à la présente loi;

2° Les prélèvements éventuels sur les fonds d'amortissement et de réserve;

3° Les produits divers ;

b. *En dépenses :*

Les frais de direction et de surveillance, de main-d'œuvre et de matériel afférents à la construction, à l'appropriation et à l'extension des manufactures; à l'acquisition de matériel et de l'outillage, et, d'une façon générale, à tous travaux ayant pour effet d'augmenter la valeur des installations et du matériel.

ART. 9.

Il est constitué pour le service de l'Office national des allumettes:

1° Un fonds d'approvisionnement du matériel;

2° Un fonds d'amortissement des installations et du matériel qui seront constitués à partir du jour du fonctionnement de l'Office;

3° Un fonds de réserve destiné à faire face aux déficits accidentels d'exploitation et, pour la part restant à amortir, aux dépenses résultant de la reconstitution d'outillages détruits ou condamnés avant l'amortissement complet.

Le montant des fonds de réserve et d'amortissement sera placé au Trésor et productif d'intérêt.

Un règlement d'administration publique fixera la dotation du fonds d'approvisionnement et du fonds de réserve et déterminera les taux d'amortissement des installations et du matériel.

Les prélèvements sur les fonds de réserve et d'amortissement seront autorisés par le Conseil d'administration de l'Office et approuvés par le Ministre des Finances.

ART. 10.

La comptabilité de l'Office national des allumettes est tenue en partie double. Les opérations sont centralisées par un agent comptable justiciable de la Cour des comptes.

Un caissier général est préposé à toutes les opérations de recettes et de dépenses de l'Office.

L'agent comptable et le caissier général sont nommés sur la proposition du Conseil d'administration, par un décret rendu sur le rapport du Ministre des Finances. Ils sont soumis aux vérifications de l'inspection des finances et à la juridiction de la Cour des comptes.

ART. 11.

En fin d'exercice, les excédents de recettes constatés sur la première section du budget de l'Office national seront réglés comme suit :

Ils seront affectés, en premier lieu, au remboursement du capital tel qu'il est prévu à l'article ci-dessus; en second lieu, à la constitution de la dotation du fonds de réserve. En troisième lieu, les excédents de recettes profiteront au budget général sous réserve d'un tantième à répartir entre le personnel sous toutes ses formes et dans telle mesure qu'il conviendra au Conseil d'administration pour intéresser le personnel à la bonne marche des services, pour récompenser les agents inventeurs ou novateurs ayant préconisé des solutions de nature à améliorer l'outillage et à permettre une exploitation plus économique.

ART. 12.

Le Conseil d'administration rend compte, chaque année, de sa gestion au Ministre des Finances, par un rapport présenté avant le 1er avril, qui est, ainsi que l'inventaire, le bilan et le compte de profits et pertes, annexé aux comptes généraux d'exploitation et de premier établissement. Ces comptes sont vérifiés par le Ministre des Finances et approuvés par le Parlement.

ART. 13.

Un règlement d'administration publique déterminera les modalités d'application des articles ci-dessus.

TITRE II.

Administration.

ART. 14.

L'office est administré par un Conseil d'administration composé de seize membres, nommés par décret rendu sur la proposition du Ministre des Finances, choisis à raison de :

Six représentants des intérêts généraux de la Nation;

Six représentants des usagers et six représentants *élus* du personnel.

Le Conseil d'administration est renouvelé par moitié tous les trois ans. Les membres sortants peuvent être désignés de nouveau.

Des membres suppléants pourront être désignés dans les mêmes formes et dans les mêmes proportions.

Le président du Conseil d'administration est désigné par le Ministre des Finances.

Le Directeur général de l'Office est nommé sur la proposition du Conseil d'administration, par décret rendu sur le rapport du Ministre des Finances.

Aucun membre du Conseil ne peut être en même temps membre du Parlement ni administrateur ou au service d'une entreprise fournisseur de l'Office national des allumettes.

Les fonctions de membre du Conseil sont rétribuées.

Le Conseil se réunit au moins une fois par mois.

Un règlement d'administration publique fixera les conditions d'application du présent article.

II

OBSERVATIONS

de l'Administration des Manufactures de l'État au sujet de la proposition de loi sur la création d'un Office national autonome des Allumettes.

(Soumises à la Commission à la séance du 5 juillet 1924.)

OBSERVATIONS PRÉLIMINAIRES

Dans l'exposé des motifs, M. le Député Ducos, auteur de la proposition, expose :

« Pour donner au Monopole des Allumettes le caractère industriel et commercial sans lequel il ne pourrait ni se développer, ni donner satisfaction au public, nous avons été amenés à proposer de le *constituer en Office national avec la personnalité civile et l'autonomie financière*, selon les modalités adoptées pour l'Office d'exploitation des Mines de la Sarre, et l'Office national de l'Azote. »

L'exemple de ces deux offices, qui sont chargés uniquement d'une exploitation industrielle non monopolisée, ne devrait pas être suivi sans modification pour un Office des Allumettes, exploitant un monopole, et ayant pour but, avant tout, de faire rentrer un impôt.

Il est donc, tout d'abord, indispensable de prévoir que l'Office aura à verser, au fur et à mesure de ses ventes, une redevance à l'État, qui garantisse que les ressources du Trésor ne seront pas moindres, avec la gestion de l'Office, que dans le cas d'exploitation directe actuelle du monopole.

Ce principe une fois posé, il est légitime de donner à l'Office toute son autonomie et toute son indépendance, en dehors même de l'action du Parlement, à condition que le Ministre des Finances assure le contrôle des résultats obtenus par l'Office, sans qu'il ait à intervenir dans les détails de gestion.

Les intérêts de l'État étant ainsi garantis, il reste à assurer la garantie des intérêts des consommateurs. Il suffit pour cela de laisser subsister la réglementation actuelle qui donne au Ministre le droit de fixer, par décret, tous les prix de vente. Cette fixation se ferait, bien entendu, à l'avenir, d'accord avec l'Office.

En résumé, le système envisagé consiste à donner la concession du Monopole à un organisme dont les capitaux proviendraient de l'État et dont les bénéfices reviendraient également à l'État, sauf un tantième réservé au personnel.

Si les observations préliminaires qui précèdent sont retenues, il y aurait lieu d'apporter au texte des articles du projet les modifications suivantes :

Article premier. — La loi doit prévoir à cet article l'abrogation des dispositions de la loi du 22 mars 1924, concernant les allumettes.

L'article doit être complété par des dispositions maintenant le contrôle de l'Administration des Contributions indirectes sur l'exécution des dispositions qui garantissent le Monopole contre les fraudes.

Art. 2. — Doit être modifié comme suit : « Le capital de l'Office « national est constitué par la valeur des biens *meubles et immeubles,* « *du matériel, des stocks de matières premières et de fournitures, des* « *stocks de produits fabriqués,* reconnus de bonne qualité, qui appar- « tiennent au monopole des Allumettes.

« Ce capital sera pris en charge par l'Office national à la date du « fonctionnement de cet Office pour la valeur pour laquelle il figure « aux inventaires de l'Administration des Manufactures de l'État.

« L'office paiera un intérêt de 6 o/o pour ce capital, et il sera auto- « risé à en effectuer le remboursement dans les conditions qui seront « fixées par un règlement d'administration publique. »

La reprise des stocks de matières et de produits fabriqués avait été omise dans la proposition. D'autre part, la règle de rembourser le capital en trente annuités égales est trop rigide.

Art. 4. — Conformément aux dispositions de l'article 6 de la loi sur l'Office de l'Azote, le délai de remboursement des obligations devrait être porté à 5o ans au lieu de 3o ans.

L'affectation du produit des émissions doit être étendue à la constitution d'un fonds de roulement dont le maximum serait fixé à 10 millions de francs.

Conformément aux dispositions de l'article 5 de la loi sur l'Office de l'Azote, il doit être stipulé que « le service de l'intérêt et de l'amortissement des obligations est garanti par l'État français ».

Art. 5. — Le dernier alinéa stipule simplement :

« Les intérêts de ce compte seront calculés d'accord avec le Ministre des Finances. » Il semble nécessaire de fixer par la loi le taux de cet intérêt, qui pourrait être inférieur de 1/2 p. 0/0 au taux des bons du Trésor à trois mois.

Art. 6. — La proposition de loi omet de fixer le taux d'intérêt des avances faites par le Trésor à l'Office. Ce taux pourrait être celui des bons du Trésor à trois mois.

Art. 7. — L'obligation pour l'Office de *dresser un budget annuel* paraît en contradiction avec les considérations de l'exposé des motifs qui condamne la conception de l'exercice budgétaire, « l'annualité et « la spécialisation des crédits, la procédure des crédits de report, « comme paralysant toute initiative et arrêtant le développement dans « l'industrie ».

L'exposé ajoute : « Les Administrations sont tenues de ne pas « dépasser leurs crédits de prévision. En matière industrielle, de sem- « blables limites ne peuvent être admises. Les dépenses sont fonction « de l'accroissement du volume des affaires. »

Il paraît donc opportun d'adopter, à la place de la rédaction de l'article 7, celle de l'article 5 de la loi sur l'Office de l'Azote.

« Un état de prévisions de recettes et de dépenses est dressé pour « chaque exercice par le Conseil d'administration et soumis à l'appro- « bation du Ministre des Finances. Il est communiqué dans un délai de « deux mois aux Commissions financières des deux Chambres. »

On fait remarquer qu'un état de prévision de recettes et de dépenses n'a pas le même caractère obligatoire qu'un budget, et les différences constatées par rapport aux prévisions doivent simplement être soulignées et justifiées dans les comptes qui sont rendus après la clôture de chaque exercice.

Art. 8. — Comme conséquence de la modification de l'article 7, le premier alinéa doit être rédigé comme suit :

« Les comptes de l'Office comprennent deux sections. »

Au 2° des recettes de la première section, il y a lieu de supprimer : « les produits des ventes d'objets mobiliers et immobiliers ».

Les produits des ventes des objets hors de service rentrent dans les produits divers; les produits des ventes d'immeubles doivent rentrer dans les produits divers des recettes de la seconde section.

Au 4° des recettes de la première section doit figurer seulement la partie du produit du placement au Trésor des fonds libres provenant des émissions de bons ou d'obligations qui correspondent au fonds de roulement. L'autre partie de ce placement doit figurer en 4° aux recettes de la deuxième section.

Dans les dépenses de la première section, on doit en première ligne faire figurer les redevances à payer à l'État.

Art. 9. — Pour plus de clarté cet article pourrait être rédigé de la façon suivante :

« Il sera constitué pour le service de l'Office National des allumettes :

« 1° Un fonds d'amortissement des installations et du matériel;

« 2° Un fonds d'approvisionnement du matériel;

« 3° Un fonds de réserve destiné à faire face au déficit accidentel d'exploitation et, pour la part restant à amortir, aux dépenses résultant de la reconstitution d'outillage détruit ou condamné avant l'amortissement complet.

« Le montant des fonds d'amortissement, d'approvisionnement et de réserve sera placé au Trésor et productif d'intérêts dans les mêmes conditions que les fonds libres.

« Un règlement d'Administration publique fixera la dotation de chacun de ces fonds et déterminera le taux d'amortissement des installations et du matériel.

« Le fonds d'amortissement sera constitué par les versements prévus à l'article 8, le fonds d'approvisionnement et le fonds de réserve, par prélèvements sur les excédents de recettes comme il sera expliqué à l'article 11.

« Les prélèvements sur les fonds d'amortissement, d'approvisionnement et de réserve seront autorisés par le Conseil d'administration de l'Office, avec l'approbation du Ministre des Finances. »

Art. 10. — Pas d'observation.

Art. 10 bis. — Article nouveau à introduire comme suite aux observations préliminaires. « L'Office versera chaque mois, au Trésor, sur les quantités d'allumettes vendues le mois précédent, les redevances suivantes :

TYPES D'ALLUMETTES.	REDEVANCES par million d'allumettes.
1° *Allumettes communes en bois soufré :*	
Vendues en boîtes, portefeuilles ou paquets de plus de 150 allumettes	850 francs.
Vendues en boîtes ou portefeuilles de 150 allumettes ou au-dessous	1,000
2° *Allumettes-tisons*	3,200
3° *Allumettes en cire de plus de 40 millimètres*	3,500
4° *Autres allumettes quels que soient leur matière ou leur mode d'empaquetage*	2,000

« Les prix de vente des allumettes aux consommateurs sont fixés par décret rendu sur la proposition du Ministre des Finances après accord avec le Conseil d'Administration de l'Office.

« Par mesure transitoire, pendant les deux premières années de sa gestion, l'Office sera autorisé à déduire des redevances mensuelles payées à l'État le montant des droits de douane afférents aux tiges, aux matières de pâtes, acquittés par l'Office au cours du mois précédent, et le montant des droits de douane acquittés par lui pour les allumettes fabriquées vendues dans le cours du mois précédent »;

Les dispositions de l'article 10 *bis* se justifient comme suit : Les redevances par million d'allumettes représentent en chiffre rond les rendements obtenus actuellement par le Monopole des Allumettes. Appliquées aux quantités vendues pendant l'exercice 1922, elles reproduisent exactement le rendement net du Monopole pendant cet exercice. Pour calculer ce rendement net, on avait considéré comme recette de l'État les droits de Douane acquittés par le Monopole. C'est l'explication de la mesure transitoire. On estime qu'un délai maximum de deux ans doit suffire à l'Office pour supprimer toute importation d'allumettes étrangères.

Art. 11. — Le paragraphe 2 serait amendé comme suit :

« Ils seront affectés :

« 1° A la dotation du fonds d'approvisionnement du matériel;

« 2° A la dotation du fonds de réserve;

« 3° Au remboursement du capital dans les conditions fixées par un règlement d'Administration publique. »

« Après ces dotations, le reste des excédents de recettes sera affecté, à raison de 50 p. 100, au personnel de toutes catégories — et suivant les modalités qu'il conviendra au Conseil d'Administration de fixer pour intéresser le personnel à la bonne marche des services, pour récompenser les agents inventeurs ou novateurs ayant préconisé des solutions de nature à améliorer l'outillage et à permettre une exploitation plus économique, sans que la somme ainsi répartie puisse dépasser 25 p. 100 du total des appointements et salaires du personnel de tous grades.

« Le reste sera versé au budget général. »

Art. 12 et *13.* — Sans observations.

TITRE II.

On propose aux dispositions de l'article 2 une modification très profonde.

Un Conseil d'Administration de 18 personnes comprenant 6 représentants élus du personnel ne paraît pas susceptible d'exercer la direction effective de l'Office.

Le Conseil d'Administration de l'Office de l'Azote ne comporte aucun représentant élu du personnel. Il serait regrettable qu'on puisse objecter à la création de l'Office National des Allumettes qu'il serait *exploité au profit du Personnel occupé par cet Office.*

La méthode la plus efficace de donner au personnel les moyens de faire connaître ses avis est de lui donner largement accès dans un Conseil consultatif qui aurait la composition suivante :

4 représentants du Parlement,

1 représentant du Conseil d'État,

1 représentant de la Cour des Comptes,

2 représentants du Ministre des Finances,

4 représentants du Commerce et de l'Industrie,

Le Directeur général de l'Office,

1 représentant des marchands en gros d'allumettes,

1 représentant des débitants de tabacs,

6 représentants élus par chaque catégorie de personnel de l'Office, à raison de :

2 représentants pour les ouvriers,

1 représentant pour les chefs d'ateliers,

1 représentant pour les agents techniques,

1 représentant pour les employés du cadre administratif,

1 représentant pour les ingénieurs et ingénieurs en chef.

Le Ministre nommerait les membres non élus de ce Conseil et désignerait son Président.

Le Conseil d'Administration pourrait alors avoir la composition suivante :

3 membres représentants du Ministre des Finances,

3 membres représentant le commerce et l'industrie,

3 membres élus par le Conseil consultatif.

Les membres non élus du Conseil d'Administration seraient nommés par le Ministre qui désignerait le Président de ce Conseil.

Subsisteraient les paragraphes 5, 6, 7, 8 et 9 du titre II de la proposition de loi rappelée ci-après :

« Le Directeur général de l'Office est nommé sur la proposition du Conseil d'administration par décret rendu sur le rapport du Ministre des Finances.

« Aucun membre du Conseil ne peut être en même temps membre du Parlement ni Administrateur ou au service d'une entreprise fournisseur de l'Office national des allumettes.

« Les fonctions de membre du Conseil sont rétribuées.

« Le Conseil se réunit au moins une fois par mois.

« Le règlement d'administration publique fixera les pouvoirs du Conseil d'administration et toutes les conditions d'application du présent article. »

Enfin l'Office national des allumettes devant, contrairement à l'Offices des mines de la Sarre, ou à celui de l'azote, se substituer à un organisme existant, il paraît nécessaire de prévoir en dehors des dispositions prévues, les règles permettant de pourvoir au début à l'emploi du personnel occupé par le Monopole des allumettes. Dans ce but, la disposition suivante pourrait être introduite dans la loi :

« Le personnel de toutes catégories occupé par l'Office et provenant de l'Administration des Manufactures de l'État sera considéré comme détaché de cette Administration et y conservera les droits à l'avancement et à la retraite.

« En ce qui concerne les ouvriers et les chefs d'ateliers, ils seront, à la constitution de l'Office, recrutés par priorité, dans le personnel du Service des allumettes des Manufactures de l'État.

« Les charges des retraites pour ces catégories d'agents seront liquidées par l'Office et par l'Administration des Manufactures de l'État au prorata des années de services passées par les ayants droit dans l'un et l'autre des deux services ».

III

OBSERVATIONS DE LA COMMISSION

chargée des questions concernant l'organisation des Monopoles des Tabacs et des Allumettes, au sujet de la proposition de loi sur la création d'un Office national autonome des Allumettes.

(Séance du 5 juillet 1924.)

OBSERVATIONS PRÉLIMINAIRES.

La Commission signale qu'elle n'a pas étudié jusqu'à ce jour le détail du fonctionnement du Monopole des allumettes, elle s'est bornée comme elle le dira dans son rapport à étudier uniquement le fonctionnement du Monopole des tabacs, car au cours de ses travaux une loi avait dessaisi l'État du Monopole des allumettes; néanmoins, priée par le Directeur général des Manufactures de l'État d'examiner le projet de loi sur la création d'un Office national des allumettes, elle a tenu à exprimer son opinion à ce sujet car c'est la question de l'organisation de l'exploitation du Monopole qui est en jeu et cette organisation procède exactement des mêmes principes que celle du Monopole des tabacs qui a fait l'objet des études de la Commission.

La Commission a pris connaissance des observations de l'administration des Manufactures de l'État au sujet de la proposition de loi déposée par M. Ducos sur la création d'un Office national des allumettes; elle adopte d'une façon générale ces observations et propositions de l'Administration sous la réserve des modifications exposées ci-dessous :

Elle estime que ce n'est pas de transformer l'Administration des allumettes en Office qui peut en augmenter le rendement, ni qui peut améliorer la qualité des produits, si cette transformation n'a pas pour effet de remédier aux défauts dont souffre le Monopole. Le but à atteindre dans l'organisation de l'Office doit donc être de pouvoir guérir les deux maux dont souffre le plus, actuellement, l'Administration, savoir :

a. L'insuffisance de l'autorité sur le personnel : la Direction (exécutive des décisions du Conseil d'administration) doit pouvoir recruter son personnel comme bon lui semble, faire les avancements comme bon lui semble; supprimer la règle de l'ancienneté. Si ce principe n'était pas à la base de l'Office, la Commission estime que son fonctionnement serait appelé à l'échec le plus complet;

b. Les lenteurs résultant des formalités administratives : les installations, les améliorations jugées nécessaires par la Direction (exécutive des décisions du Conseil d'administration) doivent pouvoir se faire rapidement, sans qu'il soit question de passer par les règles actuelles du contrôle des dépenses engagées et de tous les rouages de la comptabilité publique, qui font perdre un temps précieux. Il y a donc lieu de s'inspirer uniquement des règles du commerce et de l'industrie et de ne pas imposer des règles ou décrets de comptabilité administrative.

Si ces deux principes que la Commission estime absolument fondamentaux sont sauvegardés, elle se rallie entièrement au projet d'Office, sous réserve de quelques modifications suivantes :

En ce qui concerne les observations préliminaires faites par l'administration des Manufactures de l'État :

a. Les termes employés en ce qui concerne la redevance à l'État, qui *garantirait* au Trésor les mêmes ressources qu'actuellement, paraissent impropres, car il n'y aura pas là de garantie réelle, il vaudrait mieux dire que la redevance serait *calculée* de manière à conduire au chiffre de recette nette actuellement constaté;

b. La fixation des prix, au lieu d'être faite par le Ministre *d'accord* avec l'Office, devrait être faite par le Ministre *après avoir pris l'avis de l'Office.*

On ne peut en effet préjuger d'un accord qui pourrait ne pas être réalisé.

OBSERVATIONS CONCERNANT LES ARTICLES.

Article premier. — Néant.

Art. 2. — Néant.

Art. 3. — L'inventaire sera fait par une Commission, il comprend non seulement les biens meubles et immeubles, le matériel, mais également les marchandises. Le remboursement à l'État par l'Office se fera avec un intérêt de 5 p. o/o en trente annuités égales en ce qui concerne les immeubles, en dix annuités en ce qui concerne le matériel.

En ce qui concerne les marchandises il n'y aura pas de remboursement obligatoire; cette partie du capital fournie par l'État pouvant rester indéfiniment prêtée à l'Office à charge par lui d'en payer l'intérêt à 5 p. o/o.

Art. 4. — Ajouter : les émissions d'obligations ne seront faites que « dans les limites fixées par la loi », et que le produit des émissions pourra être également utilisé : « pour la constitution du fonds de roulement nécessité par les besoins de la fabrication ».

Art. 5. — Supprimer : « ainsi que le mode de liquidation et le payement des taxes auxquelles seront soumises lesdites obligations », et dire que le mode et les époques d'amortissement et de payement des intérêts seront déterminés par le Ministre des finances sur la proposition du Conseil d'administration.

Art. 6. — Supprimer : « par la loi de finance » et mettre simplement : « par la loi ».

Art. 7. — Adopter le texte proposé par l'Administration des manufactures de l'État et ajouter aux remarques formulées par celle-ci : « que les différences constatées par rapport aux prévisions doivent être signalées et justifiées dans les comptes qui seront rendus après la clôture de chaque exercice et *également chaque mois dans les procès-verbaux du Conseil d'administration* ».

Art. 8. — La Commission fait remarquer qu'il serait préférable d'alléger la loi et de donner à un règlement d'administration publique le soin de fixer le mode d'établissement des comptes, comme il a été pratiqué pour l'Office de l'azote; sous cette réserve, elle n'a pas d'observations à présenter au sujet de cet article, en dehors de celles qui sont formulées par l'Administration des manufactures de l'État, auxquelles elle donne son approbation.

Art. 9 et 11. — Pour la clarté de la loi il vaudrait mieux fusionner les articles 9 et 11 afin de traiter dans un même article tout ce qui concerne les divers fonds d'amortissement et de réserve.

Art. 10. — Il y a lieu de spécifier à cet article que la comptabilité de l'Office n'est pas soumise aux règles générales du Contrôle des dépenses engagées et de la Comptabilité publique, et par suite il ne paraît pas opportun de la soumettre à la juridiction de la Cour des comptes. Il n'y aurait donc pas lieu de prévoir que l'agent comptable ni le caissier général seront justiciables de la Cour des comptes.

Par contre on devrait prévoir comme à l'article 7 du projet de loi sur l'Office de l'azote que les comptes seront soumis à la vérification d'une commission de contrôle financier nommée par décret rendu sur la proposition du Ministre des finances. Le président de cette commission pourrait être un conseiller maître de la Cour des comptes.

Art. 11. — Définir le produit brut et le produit net, le produit brut devant être la différence entre les recettes et les dépenses, compte tenu des amortissements, des redevances à verser mensuellement à l'Etat; de ce produit brut on déduira les intérêts du capital, les annuités des amortissements, les intérêts des obligations, les réserves à constituer; le solde constituerait le produit net.

Sur le produit net on pourra prévoir une participation de 50 p. 100 destinée, comme pour l'Office de l'azote, à être attribuée au conseil d'administration, à la direction, aux chefs de services et ingénieurs, aux œuvres de prévoyance concernant le personnel ouvrier, à condition toutefois que ce prélèvement sur les bénéfices ne dépasse jamais 5 p. 100 des recettes de l'Office, déduction faite de la redevance versée mensuellement à l'État.

Art. 12. — Les comptes seraient vérifiés par la commission prévue à l'article 10 et soumis au Parlement.

Art. 13. — Sans observations.

Art. 14. — La commission donne un avis conforme aux observations présentées par l'Administration des manufactures de l'État; elle estime toutefois que, pour plus d'exactitude, la composition du conseil d'administration devrait être définie de la manière suivante :

3 membres représentants de l'Administration;

3 membres choisis parmi les personnalités du commerce, de l'industrie et de la finance;

3 membres élus par le Conseil consultatif.

La Commission spécifie d'ailleurs qu'elle n'a entendu laisser au Conseil d'administration des pouvoirs aussi étendus que ceux qui sont prévus, qu'à la condition expresse que ce conseil serait composé de la manière précisée par l'Administration des manufactures de l'État et par elle-même.

Elle serait amenée à des conclusions toutes différentes si ce conseil devait être composé comme il est prévu au projet de loi.

IV

PROJET DE LOI

sur la création d'un Office national autonome des Allumettes (1).

A. EXPOSÉ DES MOTIFS.

MESSIEURS,

L'honorable M. Ducos, député, a déposé à la séance de la Chambre du 6 juin 1924, une proposition de loi relative à la création d'un Office national autonome des Allumettes, analogue à l'Office des mines de la Sarre et à celui de l'azote.

Dans l'exposé des motifs de cette proposition, l'honorable député développe les avantages que présenteraient, au point de vue du bon fonctionnement de la partie industrielle du Monopole des allumettes, la transformation qu'il préconise. Le Gouvernement partage sur ce point l'opinion de M. Ducos; il estime cependant, que le projet de loi qui a été déposé doit être assez profondément modifié. Il convient en effet tout d'abord de tenir compte du caractère de monopole fiscal de l'entreprise qui sera gérée par l'Office national envisagé, caractère que ne présentent à aucun degré celles qui font l'objet de l'Office d'exploitation des mines de la Sarre et de l'Office national de l'azote. D'autres modifications paraissent nécessaires pour réaliser plus exactement les intentions manifestées, dans l'exposé des motifs, par l'auteur du projet de loi. Quelques changements d'ordre secondaire ont été en outre apportés à la rédaction des articles, soit parce qu'ils paraissaient de nature à la rendre plus claire, soit parce qu'en vue d'alléger la loi on a préféré indiquer uniquement sur quelques points, les principes

(1) Projet de loi préparé en tenant compte des observations de la Commission (p. 194).

directeurs, laissant à un décret réglementaire le soin de fixer dans le détail, les mesures propres à assurer le respect de ces principes. Enfin une modification assez profonde a été apportée à la composition du Conseil d'administration et l'on a prévu la constitution d'un Conseil consultatif.

Le nouveau projet de loi que nous avons l'honneur de vous soumettre suit à peu près pas à pas la proposition qui avait été déposée par l'honorable M. Ducos, et nous nous contentons de justifier les différences les plus importantes entre les deux projets :

1° L'Administration des manufactures de l'État devra céder à l'Office non seulement ses immeubles et son matériel, mais aussi ses approvisionnements. Cette partie du capital de l'Office constituera un fonds de roulement qui lui est aussi indispensable pour fonctionner qu'un capital de premier établissement. C'est pour cette raison qu'ont été modifiés l'article 3 du projet ainsi que l'article 4. Ce dernier interdisait d'utiliser le capital provenant des émissions d'obligations à l'augmentation du fonds de roulement; le développement des affaires de l'office peut rendre cette augmentation indispensable ;

2° L'obligation pour l'Office de *dresser un budget annuel* a paru en contradiction avec l'intention de condamner la conception de l'exercice budgétaire, l'annualité et la spécialisation des crédits, la procédure des crédits de report. On a donc adopté la rédaction de la loi sur l'Office de l'azote, qui substitue à l'établissement d'un *budget* celui d'un *état de prévision* qui n'a pas le même caractère obligatoire. Les différences constatées en pratique par rapport aux prévisions n'ont pas besoin d'être autorisées au préalable, il suffit qu'elles soient soulignées et justifiées dans les comptes rendus en fin d'exercice; elles peuvent l'être également, dès qu'elles sont constatées, dans les procès-verbaux du Conseil d'administration. Le règlement d'administration publique qui fixera les règles d'établissement des comptes pourra formuler à cet égard toutes les prescriptions de nature à éviter que des abus puissent passer inaperçus;

3° L'Office national des Allumettes exerçant un monopole absolu, et devant d'autre part assurer la rentrée d'un impôt, il est nécessaire tout d'abord de garantir les intérêts des consommateurs en laissant au Gouvernement, comme actuellement, le soin de fixer les prix de vente par décret. D'autre part, ces prix tenant compte de l'impôt sur les allumettes qui doit, quel que soit le régime envisagé, revenir à l'État, il serait inadmissible que cet impôt puisse être considéré comme un bénéfice réalisé par l'Office. C'est pourquoi il a été prévu que ce dernier aurait la charge de verser mensuellement à l'État des redevances par millions d'allumettes, calculées de manière qu'appliquées aux quantités actuellement consommées elles procurent à l'État des ressources équivalentes aux bénéfices nets qu'il retire du mode d'exploitation actuel du Monopole. Ces redevances seront considérées comme des dépenses d'exploitation. Dans ces conditions, les bénéfices nets réalisés seront uniquement dus aux améliorations apportées par l'Office à la gestion du Monopole, dont il aura reçu la charge, et il sera légitime de lui en laisser une large part, après dotation des divers fonds de prévoyance et de réserve qui sont prévus.

La répartition de cette part de bénéfice se fera d'ailleurs comme il est prescrit pour l'Office national de l'azote.

La mesure transitoire relative aux droits de douanes se justifie par les considérations suivantes : dans l'état actuel les Manufactures d'Allumettes ne sont pas en mesure de fabriquer la totalité des produits nécessaires à la consommation; le Monopole en importe une quantité assez considérable. Les droits de douane applicables à ces produits, que l'État se paie à lui-même, ne figurent que pour mémoire dans les comptes d'exploitation.

L'Office ne pourra pas immédiatement s'organiser pour fabriquer en France la totalité des allumettes qui y sont consommées; on peut évaluer à deux ans le laps de temps qui lui sera nécessaire pour réaliser cette organisation. Comme il devra payer à l'État une redevance égale au rendement net du Monopole, pour le calcul duquel le payement des droits de douane n'est pas considéré comme une dépense, il est nécessaire de continuer à admettre ce même principe pendant le temps indispensable à la réorganisation industrielle des usines;

4° L'Office ne devant pas être astreint à suivre les règles de la comptabilité publique, il ne paraît pas opportun de rendre son agent comptable justiciable de la Cour des comptes, qui a précisément pour rôle de contrôler l'exécution des réglements auxquels l'Office sera soustrait. Il paraît plus logique d'adopter la même solution que pour l'Office national de l'azote et de prévoir une Commission de contrôle financier, qui pourra d'ailleurs comprendre des magistrats de la Cour des comptes et être présidée par l'un d'eux;

5° Un Conseil d'administration de 18 membres, comme celui qui est prévu au projet de M. Ducos paraît trop nombreux pour exercer la direction effective de l'Office. D'autre part, la présence dans ce Conseil, dans la proportion d'un tiers de mandataires directs des diverses catégories du personnel employé soulève les plus graves objections. Le principe admis dans la formation des Conseils d'administrations est d'en éliminer tous les éléments dont les intérêts particuliers peuvent se trouver en antagonisme avec l'intérêt général de l'entreprise. Ce principe est appliqué à juste titre dans la disposition prévue par M. Ducos, et maintenue dans le projet actuel qui élimine du Conseil d'administration les fournisseurs de l'Office; il doit s'appliquer également à des mandataires directs du personnel qui représentent en fait ses plus gros fournisseurs, en main d'œuvre, service divers, etc. C'est le moyen d'échapper à l'objection qui ne manquerait pas d'être faite, que le Conseil de l'Office pourrait l'exploiter au profit du personnel.

La méthode à adopter pour donner à ce personnel les moyens de faire connaître ses avis, et de permettre au Conseil d'administration de profiter de son expérience, est de lui donner largement accès dans un Conseil consultatif, qui comprendra d'autre part des compétences et des représentants de tous les intérêts en cause. Les pouvoirs prévus pour ce dernier Conseil sont d'ailleurs beaucoup plus étendus que ceux qui sont dévolus d'habitude aux organismes du même genre, puisqu'ils comprennent la désignation d'un tiers des membres du Conseil d'administration. Rien ne s'opposera d'ailleurs à ce que cette désignation se porte sur un ou plusieurs membre du personnel, mais dans ce cas la situation de ces derniers, élus d'un Conseil où l'intérêt général sera largement représenté, sera toute différente de ce qu'elle serait, s'ils étaient les mandataires d'une collectivité dont ils auraient l'obligation de défendre avant tout les intérêts particuliers.

Le projet de loi laisse à un règlement d'administration publique le soin de définir les pouvoirs du Conseil d'administration comme il a été pratiqué lors de la constitution de l'Office de l'azote. Ces pouvoirs devront être aussi étendus que ceux des Conseils d'administration des entreprises privées, sous la seule réserve des limitations prévues dans le projet de loi;

6° Enfin, l'Office national des Allumettes devant se substituer à un organisme existant, il a paru nécessaire de prévoir les règles permettant de garantir au début, l'emploi par le nouvel Office du personnel occupé par le Monopole des Allumettes.

B. PROJET DE LOI.

TITRE PREMIER.

Régime financier.

ARTICLE PREMIER.

Le monopole de la fabrication et de la vente des allumettes est constitué en Office national rattaché au Ministère des Finances.

Les contraventions en matière de fabrication, d'importation et de circulation des allumettes continuent à être constatées et réprimées suivant la législation actuellement en vigueur.

ART. 2.

L'Office national des allumettes est un établissement public possédant la personnalité civile et l'autonomie financière. Il est administré par un Conseil d'administration dont la composition est définie à l'article 13 ci-après.

ART. 3.

Le capital de l'Office national est constitué d'une part, par la valeur des biens meubles et immeubles et du matériel d'exploitation, d'autre part par la valeur des approvisionnements en matières premières, fournitures diverses et produits fabriqués appartenant au monopole des allumettes à la date où l'Office commencera à fonctionner et qu'il prendra en charge à cette date.

L'évaluation de ce capital sera effectuée par une Commission qui comprendra en nombre égal d'une part des délégués du Conseil d'administration de l'Office, et d'autre part des représentants du Ministre des finances.

L'Office remboursera à l'État la valeur des immeubles en trente annuités égales, il ne sera pas tenu de rembourser la valeur des approvisionnements. Il payera à l'État un intérêt annuel de 5 p. o/o pour la valeur du capital non remboursé.

Les charges de l'amortissement et de l'intérêt du capital figureront parmi les dépenses d'exploitation.

ART. 4.

En attendant que puissent être faits les prélèvements sur les fonds de réserve ou l'amortissement prévus à l'article 11 ci-après, le capital pourra être augmenté par des émissions d'obligations qui devront être amorties dans un délai maximum de cinquante ans.

Le produit de ces émissions pourra être utilisé pour faire face aux dépenses de premier établissement ou pour l'augmentation du fonds de roulement si les nécessités de la fabrication l'exigent.

Le montant total des obligations que l'Office sera autorisé à émettre sera fixé par la loi.

Le service de l'intérêt et de l'amortissement de ces obligations sera garanti par l'État français.

ART. 5.

Les taxes de toute nature qui frappent ou frapperont les obligations des sociétés, compagnies et entreprises françaises sont applicables aux obligations émises par l'Office national des allumettes.

Le taux et l'époque des émissions, la nature, la forme et le mode de transfert des titres, le mode et les époques d'amortissement et de payement des intérêts seront déterminés par le Ministre des finances sur la proposition du Conseil d'administration.

Les obligations émises par l'Office national des allumettes pourront être affectées aux remplois et placements spécifiés par l'article 29 de la loi du 16 septembre 1871. Elles sont assimilées aux valeurs de l'État français, pour les emplois prévus à l'article 19 de la loi du 9 avril 1881 et aux articles 1er, 6 et 10 de la loi du 20 juillet 1895.

Les fonds libres provenant des émissions d'obligations et les disponibilités de caisse seront versés en compte courant au Trésor. Les intérêts de ce compte seront calculés d'après le taux pour cent adopté pour les bons du Trésor à trois mois diminué de 1/2.

ART. 6.

En attendant la réalisation des émissions autorisées, le Ministre des finances peut faire à l'Office national des avances sur les ressources générales de la trésorerie jusqu'à concurrence du maximum des émissions autorisées par la loi. Le taux d'intérêt payé par l'Office pour les avances sera celui des bons du Trésor à trois mois.

ART. 7.

Un état de prévision de recettes et de dépenses est dressé pour chaque exercice par le Conseil d'administration et soumis à l'approbation du Ministre des finances. Il est communiqué dans un délai de deux mois aux Commissions financières des deux Chambres.

ART. 8.

Les comptes de l'Office sont divisés en deux sections : la première relative à l'exploitation, la seconde aux immobilisations.

La comptabilité est tenue en partie double suivant les usages du commerce et de l'industrie. Elle n'est soumise ni aux règles de la comptabilité publique ni au contrôle des dépenses engagées.

Les opérations sont centralisées par un agent comptable.

Un règlement d'administration publique fixera le détail d'établissement de la comptabilité en tenant compte des prescriptions des paragraphes précédents.

Un caissier général est préposé à toutes les opérations de recettes et de dépenses de l'Office.

L'agent comptable et le caissier général sont nommés sur la proposition du Conseil d'administration par un décret rendu sur le rapport du Ministre des finances.

Les comptes sont vérifiés par une Commission de contrôle financier nommée par décret rendu sur la proposition du Ministre des finances. Toutes pièces et documents nécessaires à l'exercice de ce contrôle devront être mis, sur place, à la disposition des membres de la Commission sur simple demande adressée par eux au chef du service compétent.

ART. 9.

Les prix de vente des allumettes aux consommateurs sont fixés par décret rendu sur la proposition du Ministre des finances après avis du Conseil d'administration de l'Office.

ART. 10.

L'Office verse chaque mois au Trésor, sur les quantités d'allumettes vendues le mois précédent, les redevances suivantes :

TYPES D'ALLUMETTES.	REDEVANCES par million d'allumettes.
1° *Allumettes communes en bois soufré :*	
Vendues en boîtes, portefeuilles ou paquets de plus de 150 allumettes	850 francs.
Vendues en boîtes ou portefeuilles de 150 allumettes ou au-dessous	1,000
2° *Allumettes-tisons*	3,200
3° *Allumettes en cire de plus de 40 millimètres de longueur.*	3,500
4° *Autres allumettes* quels que soient leur matière ou leur mode d'empaquetage	2,000

Ces redevances sont portées en dépense dans la 1re section des comptes de l'Office.

Par mesure transitoire, pendant les deux premières années de sa gestion, l'Office est autorisé à déduire des redevances mensuelles payées à l'État le montant des droits de douane, afférents aux tiges et matières de pâte acquittés par lui au cours du mois précédent, et le montant des droits de douane acquittés par lui pour les allumettes fabriquées importées qu'il aura vendues dans le cours du mois précédent.

ART. 11.

Un règlement d'administration publique déterminera la destination à donner en fin d'exercice à l'excédent des recettes sur les dépenses de la 1re section des comptes (exploitation) qui représentera le produit brut de l'exercice.

Ce règlement devra prévoir sur ce produit brut des prélèvements pour la dotation :

1° D'un fonds d'approvisionnement du matériel ;

2° D'un fonds d'amortissement des installations et du matériel ;

3° D'un fonds de réserve.

Le solde restant après ces prélèvements constituera le produit net.

Sur ce produit net 50 p. 100 seront attribués au Conseil d'administration, à la direction, aux chefs de service et ingénieurs, aux œuvres de prévoyance concernant le personnel ouvrier, et aux agents de toutes catégories inventeurs ou novateurs ayant préconisé des solutions de nature à améliorer l'outillage et à permettre une exploitation plus économique, sans que la somme ainsi répartie puisse être supérieure à 5 p. 100 des recettes totales des ventes, déduction faite des redevances mensuelles payées à l'État.

La répartition sera faite par le Conseil d'administration.

Le reliquat du produit net sera versé au budget général.

ART. 12.

Le Conseil d'administration rend compte, chaque année, de sa gestion au Ministre des finances par un rapport présenté avant le

1er avril, qui est, ainsi que l'inventaire, le bilan, et le compte de profits et pertes, annexé aux comptes généraux d'exploitation et de premier établissement; ces comptes sont vérifiés par la Commission prévue à l'article 8, transmis par elle au Ministre des finances, et approuvés par le Parlement.

TITRE II.

Administration.

—

ART. 13.

L'Office est administré par un Conseil d'administration composé de neuf membres, savoir :

3 membres représentant le Ministre des finances ;

3 membres choisis parmi les personnalités du commerce, de l'industrie ou de la finance ;

3 membres élus par le Conseil consultatif de l'Office prévu à l'article 14 ci-après.

Les membres non élus du Conseil sont nommés par décret rendu sur la proposition du Ministre des finances qui désigne celui des membres qui exerce les fonctions de président du Conseil d'administration.

Le Conseil d'administration est renouvelé par tiers tous les deux ans. Les membres sortants peuvent être désignés de nouveau.

Des membres suppléants peuvent être désignés dans les mêmes formes et dans les mêmes proportions.

Le directeur général de l'Office est nommé sur la proposition du Conseil d'administration par décret rendu sur le rapport du Ministre des finances.

Aucun membre du Conseil ne peut être en même temps membre du Parlement ni administrateur ni au service d'une entreprise fournisseur de l'Office national des Allumettes.

Les fonctions de membre du Conseil sont rétribuées.

Le Conseil se réunit au moins une fois par mois.

Un règlement d'administration publique définira les pouvoirs du Conseil d'administration et les conditions d'application du présent article.

ART. 14.

Il est constitué un Conseil consultatif de l'Office national des Allumettes composé de 21 membres savoir :

4 membres du Parlement;

1 membre du Conseil d'État;

1 membre de la cour des Comptes;

2 représentants du Ministre des finances;

4 membres choisis parmi les personnalités du commerce, de l'industrie ou de la finance;

Le directeur général de l'Office;

1 représentant des marchands en gros d'allumettes;

1 représentant des débitants de tabacs;

6 représentants du personnel de l'Office élus par chaque catégorie de personnel à raison de :

2 représentants pour les ouvriers;

1 représentant pour les chefs d'ateliers;

1 représentant pour les agents techniques;

1 représentant pour les employés du cadre administratif;

1 représentant des ingénieurs et ingénieurs en chef.

Le Ministre des finances nomme les membres non élus de ce Conseil et désigne son président.

Le Conseil consultatif est appelé à donner son avis sur les questions qui lui sont soumises par le Conseil d'administration.

Il peut prendre l'initiative de propositions ou de vœux adressés au Conseil d'administration.

Il nomme trois membres du Conseil d'administration qui peuvent être pris dans son sein, à l'exception des membres du Parlement.

Le Conseil consultatif se réunit aussi souvent qu'il est nécessaire sur la convocation de son président.

La réunion est de droit lorsqu'elle est demandée par le tiers au moins des membres du Conseil.

Les fonctions de membre du Conseil consultatif sont gratuites.

TITRE III.

Mesures spéciales relatives au personnel.

ART. 15.

Le personnel de toutes catégories occupé par l'Office et provenant de l'Administration des manufactures de l'État sera considéré comme détaché de cette Administration et y conservera ses droits à l'avancement et à la retraite.

Les ouvriers chefs d'ateliers et agents techniques seront, à la constitution de l'Office, recrutés par priorité dans le personnel du Service des allumettes des manufactures de l'État. Les charges des retraites pour ces catégories d'agents seront supportées par l'Office et par l'Administration des manufactures de l'État, au prorata des années de service passées par les ayants droit dans l'un ou l'autre des deux services.

V

PROJET DE LOI

sur la création d'un Office national autonome des allumettes.

Texte rédigé par l'Administration à la suite des observations de la Commission relatives à l'Office national des Tabacs. (Adressé au Ministre par l'Administration suivant lettre du 25 octobre 1924.)

TITRE PREMIER.

Régime financier.

ARTICLE PREMIER.

Le monopole de la fabrication et de la vente des allumettes est constitué en Office national rattaché au Ministère des finances.

Les contraventions en matière de fabrication, d'importation et de circulation des allumettes, continuent à être constatées et réprimées suivant la législation actuellement en vigueur.

L'Office national se substituera à l'Administration des manufactures de l'État dans ses relations avec le service des allumettes d'Alsace et de Lorraine, soit dans l'état actuel du fonctionnement de ce service, soit en cas d'extension du monopole des allumettes à l'Alsace et à la Lorraine.

ART. 2.

L'Office national des allumettes est un établissement public possédant la personnalité civile et l'autonomie financière. Il est administré par un Conseil d'administration, dont la composition et les pouvoirs sont définis aux articles 13 et 15 ci-après.

ART. 3.

Le capital de l'Office national est constitué, d'une part, par la valeur des biens meubles et immeubles et du matériel d'exploitation, d'autre part, par la valeur des approvisionnements en matières premières, fournitures diverses et produits fabriqués appartenant au monopole des allumettes à la date où l'Office commencera à fonctionner, et qu'il prendra en charge à cette date.

L'évaluation de ce capital sera effectuée par une Commission qui comprendra, en nombre égal, d'une part, des délégués du Conseil d'Administration de l'Office, et, d'autre part, des représentants du Ministre des Finances.

En cas de désaccord, la Commission devra recourir à un arbitrage; à défaut d'entente pour le choix du ou des arbitres, la désignation en sera faite par le Président du Tribunal civil.

L'Office remboursera à l'État la valeur des immeubles en trente annuités égales, celle du matériel d'exploitation en dix annuités égales. Il ne sera pas tenu de rembourser la valeur des approvisionnements. Il payera à l'État un intérêt annuel de 5 p. o/o pour la valeur du capital non remboursé.

Les charges de l'amortissement et de l'intérêt du capital figureront parmi les dépenses d'exploitation.

ART. 4.

En attendant que puissent être faits les prélèvements sur les fonds de réserve ou d'amortissement prévus à l'article 11 ci-après, le capital pourra être augmenté par des émissions d'obligations qui devront être amorties dans un délai maximum de cinquante ans.

Le produit de ces émissions pourra être utilisé pour faire face aux dépenses de premier établissement ou pour l'augmentation du fonds de roulement si les nécessités de la fabrication l'exigent.

Le montant total des obligations que l'Office sera autorisé à émettre sera fixé par la loi.

Le service de l'intérêt et de l'amortissement de ces obligations sera garanti par l'État français.

ART. 5.

Le montant, le taux et l'époque des émissions, la nature, la forme et le mode de transfert des titres, le mode et les époques d'amortissement et de payement des intérêts seront déterminés par le Ministre des Finances, sur la proposition du Conseil d'Administration.

Les obligations émises par l'Office national des allumettes pourront être affectées aux remplois et placements spécifiés par l'article 29 de la loi du 16 septembre 1871. Elles sont assimilées aux valeurs de l'État français pour les emplois prévus à l'article 19 de la loi du 9 avril 1881 et aux articles 1er, 6 et 10 de la loi du 20 juillet 1895.

Les fonds libres provenant des émissions d'obligations et les disponibilités de caisse seront versés en compte courant au Trésor. Les intérêts de ce compte seront calculés d'après le taux p. 100 adopté pour les bons du Trésor à trois mois, diminué de 1/2.

ART. 6.

En attendant la réalisation des émissions autorisées, le Ministre des Finances peut faire, à l'Office national, des avances sur les ressources générales de la Trésorerie jusqu'à concurrence du maximum des émissions autorisées par la loi. Le taux d'intérêt payé par l'Office pour les avances sera celui des bons du Trésor à un an augmenté de 1/2 p. 0/0.

ART. 7.

Un état de prévision de recettes et de dépenses est dressé pour chaque exercice par le Conseil d'Administration et soumis à l'approbation du Ministre des finances le 1er août au plus tard. Il est communiqué le 1er octobre, au plus tard, aux Commissions financières des deux Chambres.

ART. 8.

Les comptes de l'Office sont divisés en deux sections : la première relative à l'exploitation, la seconde aux immobilisations.

La comptabilité est tenue en partie double suivant les usages du commerce et de l'industrie. Elle n'est soumise ni aux règles de la comptabilité publique ni au contrôle des dépenses engagées.

Un règlement d'administration publique, élaboré après avis du Conseil d'administration fixera le détail d'établissement de la comptabilité en tenant compte des prescriptions des paragraphes précédents.

Les comptes sont vérifiés par une Commission de contrôle financier nommée par décret rendu sur la proposition du Ministre des finances. Toutes pièces et documents nécessaires à l'exercice de ce contrôle devront être mis, sur place, à la disposition des membres de la Commission sur simple demande adressée par eux au chef du service compétent.

ART. 9.

Les prix appliqués pour la vente en France des allumettes aux consommateurs sont fixés par décret rendu sur la proposition du Ministre des finances après avis ou requête du Conseil d'administration de l'Office.

Les prix en vigueur au moment de la création de l'Office resteront en vigueur jusqu'à ce que, par application de la procédure exposée dans le paragraphe précédent, il en soit disposé autrement.

Les prix de vente à l'exportation de tous les produits sont fixés par le Conseil d'administration de l'Office.

ART. 10.

L'Office verse chaque mois au Trésor, sur les quantités d'allumettes vendues le mois précédent, les redevances suivantes :

TYPES D'ALLUMETTES.	REDEVANCES par million d'allumettes.
1° *Allumettes communes en bois soufré :*	
Vendues en boîtes, portefeuilles ou paquets de plus de 150 allumettes	850 francs.
Vendues en boîtes ou portefeuilles de 150 allumettes ou au-dessous	1,000
2° *Allumettes-tisons*	3,200
3° *Allumettes en cire de plus de 40 millimètres de longueur.*	3,500
4° *Autres allumettes* quels que soient leur matière ou leur mode d'empaquetage	2,000

Les redevances précédentes seront rectifiées *en tant que de besoin, et notamment en cas de modification du prix de vente* soit sur la requête du Ministre, soit sur la requête du Conseil d'administration de l'Office; *à défaut d'entente* une Commission composée et fonctionnant comme celle prévue à l'article 3 *déterminerait* les nouvelles redevances.

Ces redevances sont portées en dépense dans la première section des comptes de l'Office.

Par mesure transitoire, pendant les deux premières années de sa gestion, l'Office est autorisé à déduire des redevances mensuelles payées à l'État le montant des droits de douane afférents aux tiges et matières de pâte, acquittés par lui au cours du mois précédent et le montant des droits de douane acquittés par lui pour les allumettes fabriquées importées qu'il aura vendues dans le cours du mois précédent.

Les remises allouées aux marchands de gros et aux détaillants seront fixées par le Conseil d'administration de l'Office.

ART. 11.

Chaque année, l'excédent des recettes sur les dépenses de la première section des comptes (Exploitation) représentera le produit brut de l'exercice.

Un règlement d'administration publique déterminera, après avis du Conseil d'administration de l'Office, la destination à donner en fin d'exercice à ce produit brut.

Ce règlement devra prévoir que, sur ce produit brut on déduira d'abord les charges d'amortissement des acquisitions, constructions de bâtiments et installations effectuées depuis la création de l'Office; et que, sur le solde on prélèvera :

1° Un fonds d'approvisionnement en matières premières et en matériel;

2° Un fonds de réserve.

Le solde restant, après ces déductions et prélèvements constituera le produit net.

Sur ce produit net, 20 p. 100 seront attribués aux œuvres de prévoyance et d'assistance concernant le personnel, sans que la somme ainsi attribuée, puisse dépasser 10 p. 100 des salaires ou appointements annuels des catégories de personnel appelées à en bénéficier.

La somme ainsi attribuée viendra s'ajouter aux crédits inscrits à l'état de prévision de dépenses pour les institutions en faveur du personnel.

La répartition de cette somme sera faite par le Conseil d'administration qui aura toute autorité pour prescrire les mesures de contrôle voulues pour que les allocations ainsi faites soient exactement employées conformément à leur destination.

Le reliquat du produit sera versé au budget général de l'État.

ART. 12.

Le Conseil d'administration rend compte chaque année de sa gestion au Ministre des finances par un rapport présenté avant le 1er avril qui est, ainsi que l'inventaire, le bilan et le compte des profits et pertes annexé aux comptes généraux d'exploitation et de premier établissement; ces comptes sont vérifiés par la Commission prévue à l'article 8, transmis par elle au Ministre des finances et approuvés par le Parlement.

TITRE II.

Administration.

ART. 13.

L'Office est administré par un Conseil d'administration composé de 9 membres, savoir :

3 membres représentant le Ministre des finances;

3 membres choisis parmi les personnalités du commerce, de l'industrie ou de la finance;

3 membres élus par le Conseil consultatif de l'office prévu à l'article 17 ci-après :

Les membres non élus du Conseil sont nommés par décret rendu sur la proposition du Ministre des finances qui désigne celui des membres qui exerce les fonctions de président du Conseil d'administration.

Le Conseil d'administration est renouvelé par tiers tous les deux ans. Les membres sortants peuvent être désignés de nouveau.

Aucun membre du Conseil ne peut être en même temps membre du Parlement, ni administrateur, ni au service d'une entreprise fournisseur de l'Office national des allumettes.

Les fonctions de membre du Conseil d'administration sont rétribuées à raison de 6,000 francs par an pour chaque membre, et de 12,000 francs pour le président. Ces rétributions sont portées en dépense aux frais généraux d'exploitation.

Le Conseil se réunit au moins une fois par mois.

ART. 14. (*Art. nouveau.*)

Le Directeur général de l'Office est nommé sur la proposition du Conseil d'administration par décret rendu sur le rapport du Ministre des finances.

Il ne peut être remplacé que sur la proposition du Conseil d'administration par un nouveau décret rendu dans la même forme.

ART. 15. (*Art. nouveau.*)

Le Conseil d'administration est investi des pouvoirs les plus étendus pour la gestion et l'administration de l'Office et notamment des suivants qui sont indicatifs et non limitatifs.

Il dresse l'état de prévision des recettes et des dépenses; arrête les propositions à faire au Ministre des finances relativement aux émissions d'obligations; détermine le montant des prélèvements à effectuer sur les fonds d'approvisionnement ou de réserve.

Il fait choix du Directeur général dont il propose la nomination au Ministre et fixe ses émoluments.

Il arrête les conditions de recrutement du personnel de toutes les catégories, fixe sa consistance et ses attributions, les conditions de son emploi et de sa rémunération. Il nomme, sur la proposition du Directeur général, les agents supérieurs de l'Office. Il prononce les révocations des titulaires d'emploi dont la nomination lui appartient et propose au Ministre celle du Directeur général.

Il peut allouer des gratifications dont il détermine le taux au Directeur général, au personnel supérieur, et aux agents de toutes catégories, inventeurs ou novateurs ayant proposé ou réalisé des améliorations ou des innovations qui auront eu pour résultat d'augmenter les bénéfices de l'Office ou la redevance payée à l'État.

Il propose au Ministre des finances les tarifs de vente en France des produits fabriqués.

Il arrête les programmes et conditions générales d'achat des matières premières et des fournitures.

Il décide la création ou les agrandissements des établissements de l'Office, ou leur aliénation, et les transformations d'outillage; il arrête les programmes de fabrication.

D'une manière générale, il représente l'Office national des allumettes activement et passivement pour toutes choses, tant à l'égard des tiers que devant toutes juridictions et auprès de toutes Administrations.

ART. 16. (*Art. nouveau.*)

Le Conseil d'administration peut déléguer par mandats spéciaux, pour un ou plusieurs objets déterminés, ses pouvoirs, soit à l'un de ses membres, soit au Directeur général de l'Office, soit à des personnes désignées par lui.

ART. 17.

Il est constitué un Conseil consultatif de l'Office national des allumettes composé de 21 membres, savoir :

4 membres du Parlement;

1 membre du Conseil d'État;

1 membre de la Cour des Comptes;

2 représentants du Ministre des finances;

4 membres choisis parmi des personnalités du commerce, de l'industrie ou de la finance;

Le Directeur général de l'Office;

1 représentant des marchands en gros d'allumettes;

1 représentant des débitants de tabacs;

6 représentants du personnel de l'Office élus par chaque catégorie de personnel à raison de :

2 représentants pour les ouvriers;

1 représentant pour les chefs d'atelier;

1 représentant pour les agents techniques;

1 représentant pour les employés du cadre administratif;

1 représentant des ingénieurs et ingénieurs en chef.

Le Ministre des finances nomme les membres non élus de ce Conseil et désigne son président.

Les membres du Conseil consultatif sont nommés ou élus pour quatre ans. Les membres sortant peuvent être désignés de nouveau. Des membres suppléants peuvent être désignés suivant les mêmes formes dans les diverses catégories.

Le Conseil consultatif est appelé à donner son avis sur les questions qui lui sont soumises par le Conseil d'administration.

Il peut prendre l'initiative d'adresser au Conseil d'administration des propositions ou des vœux d'ordre général, *mais sans pouvoir s'ingérer dans les détails du fonctionnement de l'Office.*

Il nomme trois membres du Conseil d'administration qui peuvent être pris dans son sein, sous réserve des incompatibilités prévues à l'article 13.

Le Conseil consultatif se réunit aussi souvent qu'il est nécessaire sur la convocation de son Président.

La réunion est de droit lorsqu'elle est demandée par le tiers au moins des membres du Conseil.

Les fonctions de membre du Conseil consultatif sont gratuites.

TITRE III.

Mesures relatives au personnel.

ART. 18. (*Art. nouveau.*)

Pour le recrutement de son personnel et ses relations avec lui, l'Office national des allumettes ne sera soumis qu'aux lois et décrets applicables à l'industrie et au commerce privés.

Toutefois, à titre de mesure transitoire, le personnel de toutes catégories de l'Administration des manufactures de l'État et de celles des contributions indirectes utilisé pour le service des allumettes au moment de la création de l'Office, continuera à être utilisé par ce dernier.

Les agents, de toutes catégories, appartenant à cet ancien personnel auront en ce qui concerne les conditions de stabilité de leur emploi et de leurs retraites, le droit d'option entre les règlements nouveaux établis par le Conseil d'administration de l'Office, et le régime qui leur était garanti par les lois et décrets en vigueur.

Les charges des retraites pour ces diverses catégories d'agents seront supportées par l'Office et le budget général de l'État, au prorata des années de service passées par les ayants droit au service direct de l'État et au service de l'Office.

La présente loi, délibérée et adoptée par le Sénat et la Chambre des députés, sera exécutée comme loi d'État.

www.ingramcontent.com/pod-product-compliance
Ingram Content Group UK Ltd.
Pitfield, Milton Keynes, MK11 3LW, UK
UKHW022056260726
13993UKWH00001B/147